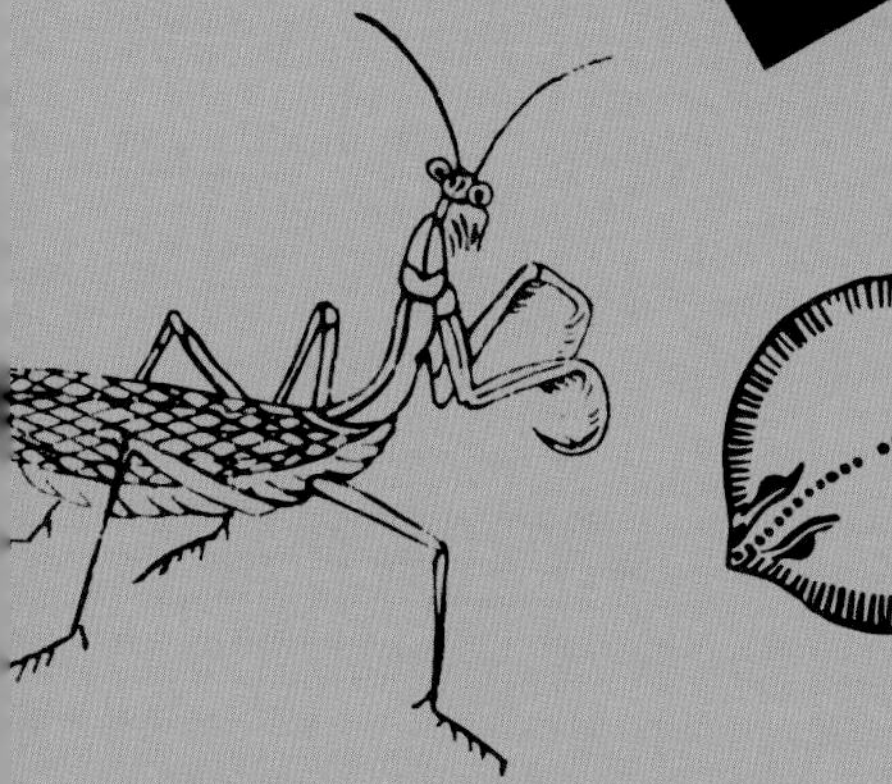

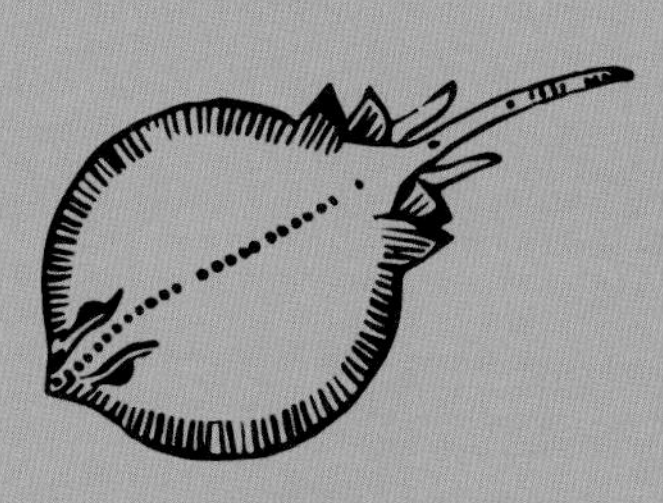

不知火書房

切り絵　高橋繁行

続　外道まんだら

徳永　裕二　著

本書を謹んで竹内健師の霊前に捧げる

◎不実考——続 外道まんだら／目次

◎外道まんだら――忘れられた聖と賤の原像を求めて／目次から

不実考

続　外道まんだら

◎第一章

抜簡天皇考

1　皇統譜にみる子無し天皇

記紀における神統譜はひとまず措いて、人代における皇統譜に関して若干の問題提起をしたい。なお、ここでは記紀の皇統譜を前提として取り上げるが、必ずしも肯定しているわけではないので為念。

さて記紀・皇統譜（漢風諡号で表記）の中には、当該天皇に子息・子女（の記載）がない「子無し天皇」が数例ある。第20代・安康、22代・清寧、23代・顕宗、25代・武烈、27代・安閑、である。その理由については本人、もしくは后妃等のどちらかが不妊体質であること（近親結婚の結果も有り得る）が考えられるが、王朝存続のためには直系嫡男相続を前提とせず、親族の中から後継者を選ぶこともできよう。

だから皇統譜上の「子無し天皇」の場合、承継王朝が実は易姓革命（先王朝への根絶やし）で成立したことを隠蔽するために皇統譜を造作・改変したものかも知れないと一般論としてはいえる。特に第20代・安康、22代・清寧、23代・顕宗、25代・武烈、の四天皇はいずれも「応神―仁徳」（所謂「河内王朝」）の皇統下であることから、これは河内王朝の断絶を意味する。

この皇統最後の天皇である武烈「記」に「此の天皇、太子无かりき」とある。岩波・大系本が頭注に『古事記伝』を曳いて「御子とあるべきを、太子とにしも云るは意あるか。此天皇にして、遠く仁徳天皇より以来の皇統は絶坐ることを思ひて、日継御子坐まさずとは云るにや」と解しているのは当然であるが、先の皇統譜の四天皇が「子無し天皇」とされる記事の背後に闇を感じる読者は多いだろう。

この件に関しては三宅利喜男が指摘したように、『新撰姓氏録』に「河内王朝」系の皇別氏族が記載されていないこと（つまり仁徳から武烈までの十天皇は架空・造作である、との所説）とも関連しよう。

筆者はこの「河内王朝」系の断絶記事が意味するところを、次のように解する。すなわち『続日本紀』元正天皇・養老四年（７２０）条にある「是より先、一品舎人親王、勅を奉けたまはりて日本紀を修む。是に至りて功成りて奏上ぐ。紀卅巻系図一巻なり」の記事を、通説では『日本書紀』の完成・撰上とする。が、もとよりこれは『日本書紀』の成立に主導的役割を果たしてきた持統女帝・藤原不比等コンビ、なかんづく不比等が天武朝で始められた修史事業を自家に都合の良いように変改したものである、と。そして最終的に今日に伝わる形の『日本書紀』（系図一巻を欠く）として改変・完成したとみられる桓武天皇朝にとっては、「河内王朝」系が異民族・異種族であったために、万世一系を標榜しつつも婉曲的に断絶を含意する表現で記された、と。同じことは、記述そのものが省かれた「邪馬壹国」についても言えることかもしれない。

さて本稿で取り上げたいのは所謂、皇統譜上の「武烈―継体」問題である。これも一般論としてはかつて古田武彦が指摘したように、武烈天皇に関しては（雄略天皇の記事史料を考慮するとしても）歴代天皇の事績の記録にしては、その悪逆非道振りの描写が異常なまでに突出しており、まるで中国における易姓革命のように別王朝（継体天皇）による権力奪取を正当化するための記述かと納得させられてしまうかのようである。

なお記紀にみえる「磐井の乱」を含む「継体」問題は、倭国内（主として北部九州）の権力抗争の事績を大和皇統史観へと取り込み改変・造作するという、複雑で錯綜した論点を多く抱えており、ここで詳しく立ち入る余裕はない。

参考までに筆者が多くの示唆を受けた兼川晋の『百済の王統と日本の古代』から、この問題についての兼川説のアウトラインを読者に紹介しておこう。

兼川は『日本書紀』巻第十七、冒頭の「男大迹天皇（細字で、更の名は彦太尊）は、誉田天皇の五世の孫、彦主人王の子なり」とあるのを、「男大迹天皇（継体天皇）」は九州（豊国）の人であり、「彦太尊」は近畿の人であると截然と弁別したうえで、「磐井の乱」（515年）とは九州の筑紫王統（倭の五王の武＝紀でいう筑紫君・磐井）に対する、豊国の大伴金村と物部麁鹿に担がれた男大迹（隅田八幡人物画像鏡の男弟王、のちの継体）の内乱であるとする。その勝者の男大迹は517年に倭国で初めて年号を建元（『二中歴』「年代歴」の継体）した、とする。

「磐井の乱」（その実は継体の乱）で一敗地に塗れた筑紫王統は武王の子・葛が辛亥年（531年）に再起を図ったが、物部麁鹿に殲滅されて、ここに倭の五王朝は滅ぶ。それが「百済本記」にいう「日本の天皇及び太子・皇子、倶に崩薨りましぬ」とされる事件であるとする。

2　子無し天皇としての武烈

前置きが長くなったが、以下は「抜箭天皇」に関する筆者の仮説である。
結論からいえば、少なくとも「武烈」と「安閑」は抜箭天皇信仰を反映したものである。
まず「武烈」のサディスティックな残忍性は、被抜箭者に特有の心性の一つであること。
因みに、被抜箭者に特有の肉体的変化として、①カストラータのような高音美声が、やがてしわがれ声に（その象徴を「雷」で現す）。②ポチャリした肉付きから、やがて醜姿に。あるいは特有の心性として③サディスティックな残虐性、④猜疑心や嫉妬の強い人格への変容。

つまり記紀に記された武烈天皇のサド的行為等は、抜箭天皇であるが故の表記と言えまいか。現に「子無し」というだけでなく、「武烈・即位前紀」においてそれを伺わせる記述がある。

すなわち武烈の皇太子時代、大臣平群眞鳥が国政を恣（ほしいまま）にしていたが、太子が妃にしようと思っていた物部麁鹿火大連の娘・影媛を巡って、眞鳥大臣の子・鮪との三角関係が露見した場面である。その際、歌垣の場で三人がやりとりした歌の一部を紹介する。

まず、太子が鮪を威嚇して、

・大太刀を　垂れ佩き立ちて　抜かずとも　末果たしても　會はむとぞ思ふ

さらに太子が影媛を賞讃する歌を贈ると、鮪臣が影媛にかわって太子に答歌して、

・大君の　御帯の倭文服（しつはた）　結び垂れ　誰やし人も　相思はなくに

これらを外道信仰を背景に解釈すれば、前者の太子の歌は「大太刀を……抜かずとも」の歌詞が太子のリンガが抜箭された状態の暗喩であること。後者の鮪臣の歌は「御帯の倭文服結び垂れ」の歌詞が太子のリンガはインポテンツなのだから誰も（影媛も）太子を愛することなぞできはしない、と揶揄している表現と解するが、どうであろうか。

3　継体天皇に抜箭された勾大兄皇子

次いで武烈の後を襲った（承継した）とされるのが継体*である。その出自についてはひとまず措く。

*男大迹天皇〈紀〉、袁本杼命〈記〉を漢風諡号で「継体」と撰定したことは、正に「グラフト」王統であることを明かした淡海三船の精確な歴史認識であろう。

継体が皇統を継ぐに相応しい人物であることを武威や血統によってではなく信仰上において他の皇族・豪族等に納得させるためには、かつての古代首長の表徴として抜箭信仰を保持していることを示すことである。つまり継体自らは抜箭することはなかったにせよ、長子の安閑[1]には抜箭を施したとみられる。あたかも『旧約聖書』創世記で父・アブラハムが庶兄・イシュマエルと嫡男・イサクに割礼*（ベリトミラフ）を施したように。なお、割礼は抜箭の擬きである。

＊割礼については第五章「割礼考」を参照。

さて継体天皇の陵（記は三嶋之藍御陵、紀は藍野陵）として『延喜式』神名帳は「摂津国嶋下郡太田神社」を宛てているが、現在ではその東方の今城塚古墳を有力視している。同地の現在地名は「郡家東町」で、その北西の「氷室町」に「闘鶏野神社」がある。

『外道まんだら』第二章「氷蔵信仰から見た『神道』」に記したように、「氷室」の初見記事である仁徳紀においては氷室の管理者は闘鶏稲置大山主（その祖は神巫としての神八井耳尊）であり、通釈ではこの闘鶏氷室の地を大和国都祁に比定している。ここでは奈良朝以降の「氷」調達地の一つとして氷室「都祁」を前提に論を進めるが、金達寿は谷川健一との対談等で、闘鶏を都祁（つげ）と書くのは「都祁」が漢音でトキ、呉音でツゲ、古代新羅語でトジが「日の出」の意であることによる、と指摘している。

私見では「鶏がトキを告げる」（鶏鳴）という用語は「闘鶏」と「トキ」と「告げ」とが外来語（古代新羅語、漢語）と倭語（呉音）との重畳語として構成されているからと考える。

さらに「新羅では太陽神を祀った場所を迎日県あるいは都祈野と呼ばれる」（小川慶一『知られざる古代』）ことにも留意したい。一般的に、これらは太陽信仰に因むと解釈されるだろう。

言葉遊びと受け取られるかもしれないが、後世「払暁」時を表す「暁（あかつき）」は「アカ（明）・トキ（時）」の転訛であり、ニッポニア・ニッポン「鴇」色とは「あかつき」の色のことであった。

なお日は火であり、氷でもある。先の拙稿（「氷蔵信仰から見た『神道』」）で提示したように、新羅は氷蔵信仰が背景にあることにも留意しておきたい。

（註1）安閑が抜箭を施されたとみられるのは、「勾大兄皇子」の名にそれが覗えることと、安閑が四人の后妃を迎えたにも関わらず「子無し天皇」に終わったことが微証とされるのではないか。特に子をなし得ない勾大兄皇子が春日皇女を聘えた初夜の交わり（相聞歌）は悲しいまでに官能的で美しい、と解するのは筆者の謬見か。

九月に、勾大兄皇子、親ら春日皇女を聘へたまふ。是に、月の夜に清談して、不覚に天暁けぬ。斐然之藻、忽に言に形る。乃ち口唱して曰はく、

八島国　妻枕きかねて　春日の　春日の国に　麗し女を　有りと聞きて　宜し女

を有りと聞きて　眞木さく　檜の板戸を　押し開き　我入り坐し　脚取り　端取して　枕取り　端取して　妹が手を　我に纏かしめ　我が手をば　妹に纏かしめ　真柝葛（まさきづら）　たたき交はり　鹿くしろ　熟睡寝し間に　庭つ鳥　鶏は鳴くなり　野つ鳥　雉は響む　愛しけくも　いまだ言はずて　明けにけり我妹

妃和へ唱ひて曰さく、

隠国の　泊瀬の川ゆ　流れ来る　竹の　い組竹節竹　本邊をば　琴に作り　末邊をば　笛に作り　吹き鳴す　御諸が上に　登り立ち　我が見せば　つのさはふ　磐余の池の　水下（みなした）ふ　魚も　上に出て歎く　やすみしし　我が大君の　帯ばせる　細紋（ささら）の御帯の　結び垂れ　誰やし人も　上に出て歎く

補記1　抜箭巫女としての邪馬壱国女王・卑弥呼

『外道まんだら』第一章「蜻蛉考」中、邪馬壱国女王・卑弥呼は抜箭巫女であったと指摘しておいたが、荒唐無稽と訝しんだ読者も多かったのではないか。そうした不審に、ここで一矢を放っておきたい。

邪馬壱国女王の卑弥呼は景初二年（238）六月に最初の派遣、いわゆる「戦中遣使」をおこなっている。相手は三国鼎立時代の魏国・明帝宛てである。

これを一般的には（古田武彦を含めて）当時の中国を中心とする国際情勢・政治力学において、倭国（邪馬壱国）の安全保障上の選択としていち早く魏国と好みを通じることが得策であると判断してのこととするが、私見ではそれにとどまらず「抜箭信仰」が介在してのことであったと考える。

つまり魏国の実質的創始者である曹操は、後漢末期の宦官・曹騰の孫であること。その宦官・曹騰は後漢史上最も横暴な外戚とされる梁冀と組んで莫大な財産を貯め込んだのみならず、自らは子種を持ち得なかったものの、その勢威と財産を継続させるために養子として曹嵩（夏侯氏）を迎え、その長男として生まれたのが曹操であった。曹操の後を次いだ長男の曹丕が第一代・魏帝（文帝）となり、その子・曹叡が第二代・魏帝（明帝）で、この明帝の時、高祖父（曹騰）に「高皇帝」の尊号を贈った。死後追贈ではあるが中国史上、唯一の宦官皇帝である（金文京『三国志の世界』参照）。

邪馬壱国女王・卑弥呼はまさに、この明帝に対して入貢したのである。明帝が急死（景初三年正月）する前年の景初二年十二月に詔書して「親魏倭王」の称号を贈り、絹や錦等を大量に下賜しているのは、当時の国際関係における政治力学上の観点からのみではなく、宦官であった高祖父への明帝の尊崇が、未だ抜箭巫女として鬼道に仕えていた卑弥呼へのシンパシーに重なった故でもあった、と理解したい。

補記2 「鬼道」とは何か

卑弥呼を抜箭巫女とすることに不審の読者に、二の矢を放っておこう。

周知のように『三国志』魏志倭人伝は、卑弥呼を「事鬼道　能惑衆」（鬼道に事え、能く衆を惑わす）、とする。この「鬼道」について『三国志』では他に「魏書・張魯伝」、「蜀書・劉焉伝」に五斗米道の張魯に関する記述があるのみである。そこで鬼道に関する卑弥呼と張魯に関係性があるかどうかについて議論がある。

通説では、後漢末に張陵が蜀（現・四川省あたり）の成都近郊の鶴鳴山（あるいは鵠鳴山）で「五斗米道」という道教系教団を起こした。五斗米道とは信者に五斗の米を寄進させたことに由来するとされる（古信研ではこれを一人の男性が一生の間に生じるsukka（精液）の量の暗喩であると解する）。

五斗米道の創始者とされる張陵は現在の四川省で太上老君のお告げを受けて、「天師」の位と「正一盟威」の道を授けられたのに始まったとされ、次いで子の張脩、孫の張魯に嗣がれ、張魯の代（三国時代の直前）には漢中に宗教王国を形成したことから、二代目・張脩を五斗米道の教団創始者とする記述もある（魚豢の『典略』）。その後、東晋（317〜420）の東遷時に現在の江西省・竜虎山に拠点を移す。

元代（1271〜1368）に教団は「正一教」と呼ばれるようになり、金代（1115〜1234）に興った全真教と南北を二分する二大宗派になる。正一教は現在、台湾（中華民国）において存続している。

なお魏の曹丕（文帝）の即位に際して、五斗米道が一定の役割を果たしたと、吉川忠夫『六朝精神史研究』は論じている。

さてここからが筆者の幻視（妄想？）である。五斗米道は道教教団とされるが、元来、道教の老子思想と古代インドの仏教思想とは類縁性が高いとされる。筆者が特に注目するのは張陵が太上老君から「正一盟威」の道を授けられた、とあることである。語呂合わせと受け取られることを承知で敢えて言及するならば、「正一盟威」の道とは古代インド仏教中の小乗仏教二十部の一つである「雪山部」と関連するのではないか（『外道まんだら』第七章「外道の源流」を参照）。つまり「雪山部」の教義を象徴する言葉に「雪山偈」がある。「諸行無常　是生滅法　生滅滅已　寂滅為楽」である。漢訳本の正確な発音は不学にして承知しないが、「雪山偈」中の「生滅滅巳」の語句が「正一盟威」と通音するのではないかと従前から気になっていたところである。

「雪山部」の蜀への伝播時期やルートも未解明であるが、坂出祥伸『道教とはなにか』によれば、道教の歴史の中で東晋以後分派した霊宝派は仏教（大乗思想）を受け入れて「開劫度人」の救済思想を形成する。さらに南朝・劉宋の陸修静は「正一盟威の道」を実践する道教の改革をおこなった。また南朝・斉から梁にかけて陶弘景が現われ、「かつて夢の中で仏から菩提の記を授けられ、勝力菩薩という名を与えられた。そこで（会稽の）鄮県にある阿育王塔に詣で、自誓して五つの大いなる戒を受けた」（『梁書』陶弘景伝）と記されていて、道教が仏教信仰に関連することを示唆している。

このことから、『三国志』に「鬼道」としてみえる卑弥呼と張魯との間には、その信仰の本質において通有するものがあることを指摘しておきたい。

補記3　豊国\U+81A9碕屯倉はどこか

『日本書紀』安閑天皇二年五月の条には、筑紫から駿河までの十三国に二十六の屯倉を置いた、との記事がある。その一つに「豊国\U+81A9碕屯倉」が見える。

岩波古典文学大系本は天理図書館所蔵の卜部兼右本を底本とするが、この「\U+81A9」字について他の古写本と校合したのかどうか不明である。が、ともあれ底本のまま「\U+81A9」字を使っている。

「\U+81A9」の字は『広漢和辞典』『字通』等には見えない。造字なのか、原典を確認できないのでこれ以上立ち入るべきではないかもしれないが、筆者は大事な問題と考えるのでもう少し検討を加える。

岩波大系本は補注で、通証を曳いて「\U+81A9」は「湊」の誤りとし、本文では「\U+81A9碕」に「みさき」とルビを振っている。その上で、「\U+81A9碕」を「湊碕」とし、地名辞書の今の福岡県北九州市門司、通釈の豊後国国碕郡（今、大分県国東半島）を紹介するが、未詳としている。

ところで『豊前志』（明治三十二年刊行）には、宇佐郡中に「\U+81A9埼屯倉」を小見出しとして掲げ、「\U+81A9」の字を記載するも、本文では「安閑天皇紀に、二年五月甲寅、置豊國\U+81A9碕屯倉と見えたり」と記載し、「滕」の字ではなく「膝」の字を使用する。

その上で、「滕」の字が訓み難しとし、「湊」の字などの誤りではないかとしており、築城郡「湊村」（現・福岡県築上郡椎田町に「湊」の地名あり）、あるいは同郡東北の「水崎村」（現・大分県豊後高田市に「水崎」の地名あり）を挙げるも、定め難しと半ば投げ出している。

また内倉武久は「古代天皇は北部九州にいた」（『季報　唯物論研究』第138号・二〇一七年二月刊）で、これらの屯倉のうち、豊国の「桑原屯倉」の所在地として、福岡県田川市桑原を、同じく「我鹿（あか）屯倉」の所在地として田川郡赤村を、同じく「大抜屯倉」の所在地として北九州市小倉南区貫（ぬき）を比定している。さらに、のちの『太宰管内志』に出てくる「喜原屯倉」の所在地として田川郡大任町を候補地としている。内倉は「穂波」「嘉麻」「滕崎（しつさき？）」「肝等（かとの？）」屯倉の所在地も田川郡の周辺に比定しうると考えているようである。つまり内倉は記紀によると安閑天皇の都の名は「勾金の橋（箸）の宮」であり、現・福岡県田川郡香春町に「勾金（まがりかね）」の地名が残っていることから、安閑二年紀にある屯倉の多くはその都（＝田川郡香春町）の周辺にあったとして、前記地域をその所在地ないし所在地候補と比定しているわけである。その中の一つ「豊国の滕埼屯倉」について、内倉は「滕崎（しつさき？）」と記すのみで比定地を示していないので、以下に幻視してみたい。

『豊前志』にも一部曳かれているが、「腠」は「凌」と同じく「冰（氷）」である。『詩経・国風』の「豳風」の「七月」歌に「二之日　鑿冰沖沖　三之日　納干凌陰（十二月に氷を切り、一月に氷室に納める）」とあり、『周禮』には「凌人掌冰」とある。つまり「凌」の正字は「滕」である。また『左伝』昭四年に蔵冰の法として「古者は日、北陸に在りて冰を西陸に蔵す。其の冰を蔵するや、深山窮谷、固陰冱寒、是に於いてか之を取る。其の之れを出すや、桃弧棘矢、以て其の災を除く」とある。

白川静『字通』も「滕」を『宝鏡集』中の「凌」を曳いて「ひむろ」と訓じている。

私見では「滕」を「凌」と同じ氷室の義とするのは、「滕」が「月（にくづき、抜箭リンガを暗喩）」を「室」に納める象形文字によるものと考える。

以上から、安閑紀に記された「腠埼屯倉」が氷を蔵める氷室であることが判る。

さらに『豊前志』に即して云うならば、京都郡の条「氷室川」の項に「十鞍山、馬嶽、御所谷の三山より出で、東に流れて井尻川となれり、行事村に出で海に出る。」とあるのを前提にすると、手元の地図帳では現・福岡県行橋市の西端に「御所ケ岳」「馬ケ岳」の名がみえる（「十鞍山」は不明）。この「御所ケ岳」と「馬ケ岳」の山間の「池」（現・福岡県行橋市津積の「住吉池」か「高来池」が多分、氷室池になろう）から北下する「川」があり「井尻川」に連なることから、これが「氷室川」に当たるのではないか。

「屯倉」については、一般的には官物（主に稲米）を収納する倉庫をいうことから、屯倉の場所は物流（陸上、水上）の便利な地であるとともに、（地方の）「官衙」の所在地が想定されよう。が、上古においては聖所としての氷室を含むとも解される。したがって「膎埼屯倉」はあるいは「御所ケ谷・神籠石」の地を指したものかもしれない、と筆者には思われる。

「御所ケ谷・神籠石」は一般的には七世紀後半頃に作られた朝鮮式山城と解されているようだが、その淵源はもっと古く、あるいは『外道まんだら』第二章「氷蔵信仰から見た『神道』」で少し触れたように、新羅の「石氷庫」と同様の「氷室城」であったかもしれない。とすれば仁徳紀六十二年条にある「氷室」の初見記事は、大芝英雄の豊前王朝説の難波宮からさほど遠くない「御所ケ谷・神籠石」での出来事であったと見ることもできよう。

なお「膎埼」屯倉を「みさき」と訓じているのは、遠昔の抜箭信仰が「身裂（みさき）」として受容されていたことの名残りかもしれない。安閑帝「被抜箭天皇」仮説の一微証とするものである。

また『勝山町史』下巻、第7編「教育・文化・信仰」中の「盲僧の宗教活動」の項に、勝山町下黒田の宿神堂について、江戸期（享保ころから幕末）には「氷室山護国寺」と呼ばれた、とある。このことからは「御所ケ岳」（その北麓に「氷室池」を想定）を北に降った下黒田の宿神堂が、氷室信仰の近世的露頭であったとみるべきではないだろうか。

補記4　ビザンチン帝国の聖職者宦官と古代日本の忌人（いはひびと）

ウイキペディアの「性器切断」の項には、「聖職者宦官」についての記述がある。ビザンチン帝国には「聖職者宦官」の制度があり、「宦官修道士」のための専用修道院も建設された。コンスタンディヌーポリ総主教にも、皇帝ミカエル1世ランガベーの皇太子から聖職者宦官になった聖イグナティオス、皇帝ロマノス1世レカペノスの皇太子から聖職者宦官になったテオフラクトスなど、複数の去勢者が存在した。

ここでは皇太子から聖職者宦官になるために「宗教的修行として性器切断がおこなわれた」と解釈しているようである。しかし本源的には帝国の永遠性を望んで皇太子を抜箭し、神巫としたことの残映であると解すべきではないだろうか。

というのも記紀の神武から綏靖への王位継承をみてみると、『古事記』では神武の嫡系（日子八井命、神八井耳命、神沼河耳命）のうち、神八井耳命が「忌人（いはひびと）」となり、次期王位を神沼河耳命（綏靖天皇）に譲る。同様に『日本書紀』においても神武の嫡系（神八井耳命、神渟名川耳尊。記の日子八井命は見えず）のうち、神八井耳命が「奉典神祇」となり、次期王位を神渟名川耳尊（綏靖天皇）に譲る話となっているからである。

これは古代信仰世界においては、本来的に部族長の嫡系・長兄は巫祝として部族共同体の繁栄・長久を祈る天上権を託された者であり、地上権は末子相続とすることが合理的だとされていたことによる。『外道まんだら』第二章「氷蔵信仰にから見た『神道』」で触れた氷室の初見記事である仁徳紀六十二年条において、氷室の管理者である闘鶏稲置大山主の祖が神八井耳命であると記されていることと併せて、如何にも暗示的ではないか。

因みに長兄が神祇を司る巫祝であるならば、長姉もまた神妻としての巫女（日妻＝ひるめ）であるのが本来的な在り方であろう。天照大神を伊勢に齋き祀った倭比賣命（古事記）は垂仁天皇と氷羽州比賣命との四男一女の一女であり、倭姫命（日本書紀）は垂仁天皇と日葉酢媛との三男二女の末女であるが、伊勢神宮制度を実質的に創始した天武天皇は正后・大田皇女（日本書紀は正后を鸕野讃良皇女＝後の持統女帝に改変）との間に一男・大津皇子（『懐風藻』は天武天皇の長子とする）、一女・大来皇女をもうけ、大来皇女は天武二年四月に斎宮となり、同三年十月に伊勢に向かったとあることから、長女が神妻とみなされたことの痕跡を瞥見することができよう（『扶桑略記』は、天武天皇が伊勢神宮に自らの一女・大来皇女を捧げたことをもって初代斎王とする）。

琉球の最高神女である聞得大君についても、俗世における最古の系図である『長濱系図』

に「北山王　仲昔　中山英祖王の御長女・聞得大君」が聞得大君の名を伝える最初の記述とされる。

なお仏教の女性戒名に使用される「大姉（ダイシ）」は本来的には「長姉」であるとともに、古代インドの「deva - dāsi」（デーヴァ・ダーシ）（神妻）の「dāsi」（ダーシ）に由来するものである。

仏教における「清僧（非妻帯者）」も一般的には性欲によって悟りへの修行が妨げられないようにするための「個人的な」「制度」と解されているが、本来的には「抜箭」によって共同体の生産の安寧を願うという外道信仰に淵源するものであることを改めて指摘しておきたい。

◎第二章 象神考

1　はじめに

荒涼と象の墓なる谷ありてわれやひとりの象牙採りなる

村上一郎『撃攘』中の一首である。村上が何処の地を詠ったものであるか知らない。あるいは村上にとっては人生の終焉に近づいて来し方を振り返った時に見えた己れの姿だったのかも知れないという気もする。

＊

象の古訓は「きさ」である。日本列島が大陸と陸続きであった氷河期にはナウマン象が生息していたことは化石から知られるが、果たして最終氷期が終って海面上昇で大陸から切り離された日本列島で、そこで暮らしていた人々が「きさ」の名として象を認識していたかどうかを証明することは困難である。

が、弥生時代以降は大陸と列島との交通は以前に考えられていた以上に活発であり、特に黒潮海流に乗って南方から日本列島には様々な事物・思潮が流入していたことが近年、明らかになってきている。その中で「象」はどうだったのか。

平安期の辞書である『倭名類聚抄』には「象。和名　岐佐。獣名似水牛、大耳・長鼻・眼細・牙長者也」とあり、少なくともその知識が列島に伝えられていたことは分かる。

2　「きさ」と「kṣa」

このインド亜大陸から東南アジア一帯にかけて生息する象が何故、「きさ」と和訓されたのかということであるが、私見では梵語「kṣa」（クシャ）からの転訛であると考える。類縁語に「kṣatriya」（クシャトリア）がある。周知のようにインドの身分制度に四姓（バラモン、クシャトリア、バイシャ、スードラ）があり、クシャトリアは武人階級を指す。

では何故、クシャトリアが武人階級を指すかといえば、武人は武器をもって対手を倒す（殺す）職掌集団であり、「kṣatriya」の「kṣa」とは「切る」意であること。

因みに「kṣa」を語頭に持つ梵語を『梵和辞典』からいくつか拾ってみると、「kṣaṇa」（（愉快な）瞬間、祭）、「kṣaṇa-kleśa」（一瞬の苦痛）、「kṣaṇa-dā」（夜）「kṣaṇada-kara」（月）、「kṣanana」（損傷）、「kṣata」（傷）、「kṣati」（傷）、「kṣadate」（切る）、「kṣanoti」（傷つく）、「kṣapana」（破壊）、「kṣapā-kara」（月）などがある。

あるいは「kṣa」の類縁語に「yakṣa」（ヤクシャ）がある。

『玄応音義三』に「閲叉、或云夜叉。皆訛也。正言薬叉。此訳云能噉鬼。謂食噉人也。又云傷者。謂能傷害人也。」とあるように、yaksa が「噉箭」に係わることを示している。

このように梵語「kṣa」（クシャ）が「切る」を含意していることは明らかである。蛇足ながらパーリ語で「kuśa」、梵語で「kuśa」は、和語でも発音は「クサ」、語意は「草」である。

そこで和語とされる「きさ」について『広辞苑』（第四版）から拾ってみると、〈【象】「ぞう」の古称〉とともに、〈【蚶】「きさがい」に同じ〉とある。

ここで連想されるのが、『古事記』中つ巻の「蚶貝比売　刮（きさ）げ集めて」である。この「刮（きさ）ぐ」とは「削りおとす」の意であり、『全国方言辞典』でも、三重県志摩郡では「きさく」を「裂く」の意で使っている、とある。現代でも金属をミクロン単位で精密加工することを職人は「きさげ」加工と呼んでいる。

その延長上に「刻(きざ)む」の語があると考えられる。

あるいは「大隅国風土記逸文(塵袋第四)」に「大隅国ニハ夏ヨリ秋ニ至ルマデ、シラミノ子オホクシテ、クラヒコロサルルモノアリ。コレヲ風土記ニ云ヘルニハ、沙虱二字ノ訓ヲ耆小神(キサシム)ト注セリ。」とある。

ともあれ「きさ」が切る意であるならば、『外道まんだら』第一章「蜻蛉考」の「歯神」の項で指摘したように「切るのは女*」である。


*先の「蚶貝比売」も同様であるが、そもそも「貝」自体が切るための道具でもあることから、これは同意語を重ねた表現である。


また「きさ」を語頭に持つ言葉として、「きさき(后、妃)」がある。

このうち「后」の甲骨文字は「[illegible]」で、『字通』では「分娩の形」とする。『説文解字』には「継体の君なり」とある。吉本隆明『母型論』を文字っていえば、「母─胎(乳)児」の内コミュニケイションを形象化した字形か。

なお中国・南北朝時代の北魏の旧制に、世継ぎとなる皇太子の生母に死を賜わるという「子貴母死」の奇習があった(後に孝文帝の改制により廃止)。理由は外戚勢力の台頭を抑えるため、と説明されれば納得されそうである。が、「后」の字義を「継体の君なり」とするならば、抜箭ならぬ母胎の犠牲において父権の永続性を願う古代信仰が反映していると解されなくもないであろう[1]。

また「妃」の甲骨文字は「[illegible]」で、『説文解字』では「匹なり」とし、神巫の称とする。加えて『大日経疏九』には「妃者梵云囉逝」とある。このように、妃は「切る女」の意である。

（註1）魏収が編纂した北魏の正史である『魏書』列傳・道武宣穆皇后劉氏の項に「魏故事後宮産子。将儲貳其母皆賜死。」とある。福永光司『馬の文化と船の文化』によれば、「魏の故事、後宮（の女性）子を産みて将に儲貳（皇太子）たらんとすれば、其の母は皆死を賜う。」とある。

3　象（きさ）

そこで「きさ」が「切る」を意味し、象を「きさ」と訓むこととはどう関係するのかといえば、仏典中の「大聖歓喜天」（略して歓喜天、聖天）が想起される。

古代インド神話の神であるガネーシャ（gaṇeśa）やガナパチ（gaṇapati、迦那鉢底）に由来するものである。「象鼻天」ともいい、魔性の集団である「毗那夜迦天（vināyaka、ヴィナヤカ）の王」」として仏道修行の障礙神であったが、後に仏教の守護役となる。

このガネーシャ（gaṇeśa）はシヴァ神の妻・パールバティが作り出した息子で（シヴァの家族の長男）、シヴァ神が誤ってその首を刎ねてしまい、代わりに象の首をつけて生き返らせたとの神話をもつ。つまりガネーシャは「首＝頭＝リンガを切られたる長男」を暗喩している。

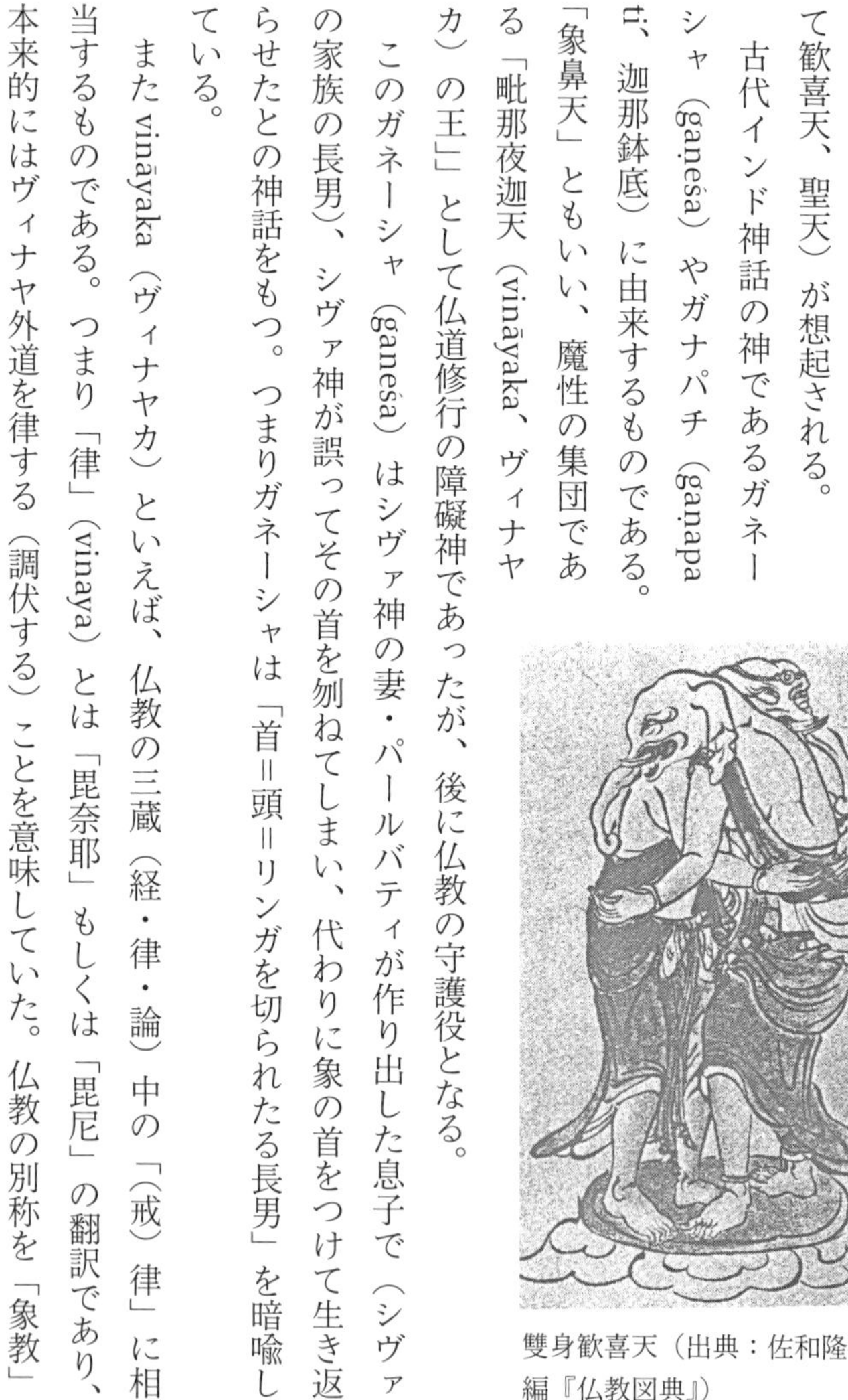
雙身歓喜天（出典：佐和隆研編『仏教図典』）

またvināyaka（ヴィナヤカ）といえば、仏教の三蔵（経・律・論）中の「（戒）律」に相当するものである。つまり「律」（vinaya）とは「毘奈耶」もしくは「毘尼」の翻訳であり、本来的にはヴィナヤ外道を律する（調伏する）ことを意味していた。仏教の別称を「象教」といい、法律を「象刑」というのも、これらに基づく。

これに関連して『四分律三十五』(2)に「仏言。黄門於我法中無所増益。不得與出家受具足戒。若已出家受具足戒応滅擯。*」とあるのは、釈迦（仏教）が如何に黄門（抜箭外道）を忌避していたかを明文化したものである。「黄門」が被抜箭者であることは、『塵添壒囊鈔』に「大国ニハ根无キ故ニ。黄ナル衣ヲ著セテ。宮門ヲ依令守。黄門共名ク。」等によって明らかである。

＊佛言はく、「黄門は我が法の中に於いて増益する所なし。出家受具足戒を與ふることを得ず。若し已に出家して、具足戒を受くれば、應さに滅擯すべし」。

なお『四分律三十五』中の前記文に続けて「是の中の黄門とは、生黄門・犍黄門・妬黄門・變黄門・半月黄門なり。生とは、生れて已来の黄門なり。犍とは、生れ已りて、都べて截り去りて黄門と作る。妬とは、他の婬を行ずるを見已りて婬心の起るあり。變とは、他と婬を行ずる時、男根を失ひて變じて黄門と為る。半月とは、半月は能男にして、半月は、不能男なり。」（読み下しは大東出版社『国譯一切経』による）とある。

因みに提婆達多（釈迦の親族）が釈迦を殺そうとして襲わせた象の名は「マラギリ」と呼ばれた。

あるいは古代インドの不可触民には林住種族であるチャンダーラ（caṇḍāla）のほかに、マータンガ（mātaṅga）、アタヴィー（aṭavi）などがいるが、このうちマータンガは象を意味し、象をトーテムとした。

（註2）『四分律』はインド人仏陀耶舎がシナ人竺仏念の助力を得て四一〇〜四一二年、長安にて翻訳。漢訳のみ現存。法蔵部（上座部系）の伝持した律蔵で、日本には唐代・道宣（南山宗の祖）系統の鑑真（687〜763）によって律宗として伝えられた（春秋社『仏典解題事典』より）。

4 吉野・蔵王・安閑

古来、万葉人をはじめ多くの歌人が吉野を詠っている。中でも象（きさ）、象山（きさやま）は多くの歌に登場する。

わが命も常にあらぬか昔見し象の小河を行きて見むため　帥大伴卿

むかしみし象の小川を今みればいよよ清けく成りにくるかも　大伴卿

大和には鳴きてか来らむ呼子鳥象の中山呼びてそ越ゆなる　高市黒人

み吉野の象山の際の木末にはここだも騒く鳥の聲かも　山部赤人

よしの山青根が峰に月すめば象の小川に玉ぞしつめる　知海

三芳野のきさ山きはにたてる松いく秋風にそなれきぬらん　曽禰好忠

つれなくて幾秋風秋風を契りきぬきさ山陰のまつとせしまに　順徳院

大和路に越ゆべき道は絶えにけり象の中山雪ふかくとも　行家

みる夢の俤までやうかぶらん象の小川の有明の月　権大僧都憲実

小男鹿のこゑしきりなりみよしののきさ山かげに妻やこふらん　登蓮法師

幾秋か象山松の木間より心づくしにみよしのの月　長嘯

「象（きさ）」の地名は何故、これほどまでに深い哀惜の念をもって詠まれたのだろうか。その前に、第一章「抜箭天皇考」で少し触れた安閑天皇について改めて取り上げておきたい。

菅江真澄『布伝能麻迩万珥（筆のまにまに）』や『尾張名陽図会』等には安閑天皇を「蔵王権現」とすることが記されている。

例えば『布伝能麻迩万珥』二ノ巻「霞箇岳」の条には、「（前略）或云金峰者天平宝字年中

吉野山齋祠安閑帝故名蔵王権現云々（後略）」。

『尾張名陽図会』巻之五「片山神社」の項には、「これは蔵王権現なり。（中略）ある記に、祭神安閑天皇なる由。（後略）」。

また『諸社一覧』によれば、「金峰社　同吉野山に有り、祭所蔵王権現と号す（中略）人皇二十八代安閑天皇なり（後略）」。

蔵王権現とはいうまでもなく役行者が吉野山で感得した「仏神」の名であるが、その実体は定かでない。

通釈では、蔵王が金峰山で、安閑天皇帝の諡号が勾大兄廣国押武金日で、宮号が勾金橋であることから「金」を共通項とすることによる、と安易な解釈で済ませている。

が、中世神道の唱導文芸ともいうべき『神道集』では「吉野象王権現事」として、「象王権現の本地は釈迦如来である。摩耶夫人の胎内に入った時、白象の姿であったので象王と云う。」としている。同じく『神道集』の「熊の権現事」では「金峰山の象王権現は三十八所おられ、その本地は未来の導師弥勒菩薩」としている。

あるいは江戸時代初期の浄土僧・袋中は『南北二京霊地集』において、前掲書を受けて「蔵王＝象王か」と看取している。

つまり「安閑天皇＝蔵王権現＝象王」の等式が成立するとすれば、その共通項は「被抜箭者」に他ならない。さらに先述の安閑天皇と蔵王権現が「金」を共通項とするとの解釈は、「金＝永遠＝被抜箭者」が含意されていると読み込むことで成り立つものであることが理会されよう。なお現在でも吉野では「蔵王堂」を「ゾウオウドウ」と読ませている。

さて、このように蔵王権現を信仰核とする吉野山の前線基地ともいうべき地点にあるのが「象山（きさやま）」で、麓には喜佐谷川をはさんで桜木神社がある。『吉野旧事記』によれば、桜木の宮の祭神、大名持の神は「青き象」に乗ってこの地に来た。そして北方の宮瀧から南に向かって象山に入るには結界である仮寝橋を渡らなければならなかった。

橋の名をのほうたたねと聞く人のゆくは夢路かうつつながらに　夫木集　恵慶法師

今、象山を蔵王権現信仰の前線基地と記したが、より本来的には「Deva-Dāsi（デーヴァ・ダーシ、抜箭巫女）」、つまりＤＤゾーンの入り口と言ったほうがよい。なんとならば、結界としての「仮寝橋」を渡った「象山」から南方、金峰山（吉野山）一帯から大峰・熊野までは、かつて外道信仰が濃厚に存続していたゾーンであったと考えられるからだ。それを「蔵王権現」という形で祀り取ったのが役行者であり、以後、外道信仰が換骨奪胎されて「女人禁制」となっていく。

これはなにも「吉野―大峰―熊野」の山岳地帯が当初からＤＤゾーンであったというわけではなく、仏教及びこれと一体となった王権という新興勢力が肥沃な平野部を制圧したため、旧い共同体原理を保守しようとした外道信仰の徒たちが山間奥地へと退転を余儀なくされた結果なのである。新興勢力（王権＋仏教）は男性優位を社会原理としたため、とりわけ「切る女」が忌避された。彼女たち（ＤＤ）は、修験宗徒（男性）によって居所を奪われ山間奥地からも追放された。

それでも外道信仰を保持しようとした巫女の記憶が「都藍尼（とらんに）」をして金峰山入山の決行へと走らせた（本朝神仙伝）……とする時、陸奥の名取老女に伝えられた

みちとおしとしもいつしかおいにけりおもひをこせよわれもわすれじ(3)

と遠く熊野信仰への懐旧を詠った嘆きが、

ちはやぶる金の岬を過ぎぬともわれは忘れじ志賀の皇神　（万葉集・巻七）

を強く想起させると語ることは唐突に過ぎようか。

日本国成立による古代外道信仰に対する全国的な掃討に伴って、大和国においても王城の地から吉野、大峰、熊野、さらには陸奥へと退転しながら外道信仰を保持してきた者たちの来し方を思うとき、かつて筑紫の倭国王統を守護した志賀の皇神（そこには俾弥呼たちの古代外道信仰の残滓が未だ生きていた）への尊崇の念を保ち続けた万葉人の歌の響きが私の中で広がるのである。

（註3）『奥州名所図会』中の「名取熊野神社」の項。『新古今和歌集』神祇歌では「道とほし程もはるかに隔たれり思ひおこせよわれも忘れじ」。

補記1　『倭姫命世記』と「キサヲアサル」

「キサ」について書いたからには神道五部書の一つ、『倭姫命世記』についても触れておきたい。そのためには、そもそも『倭姫命世記』なる書が含意しているものは何か、また如何なる成立事情が背景にあるかについての明答が求められるところであるが、ここでは筆者が外道信仰的目的からこの書を読み解く核心とみなす問題の一文を転記してみよう（引用は岩波書店・日本思想大系本「中世神道論」から）。

それは活目入彦五十狭茅天皇、即位十八年条の以下の件である。

（前略）然シテ度リ坐ス時ニ、阿佐加ノ加多ニ多気連等ガ祖、宇加乃日子ガ子吉志比女、次ニ吉彦、二人参リ相ヒタテマツリキ。此レに問ヒ給ハく、「汝等ガ阿佐留物ハ奈尓曾」と問ひ給ひき。答へて白さく、「皇太神の御贄ノ林奉上ラムト、伎佐宇阿佐留」と白しき。時に「白す事恐シ」と詔ヒテ、其を伎佐て太神の御贄ニ進ラシメテ、佐佐牟ノ木ノ枝を割キ取リテ、生比伎に宇気比伎良世給フ時ニ、其の火伎理出シテ、采女忍比売、我ガ作ル天平瓮八十枚を持ちテ、

伊波比戸に仕へ奉リき。尓時吉志比女、地口御田並びに麻園を進ル。（後略）

『日本書紀』崇神天皇六年条に、天皇が大殿の内に祀っていた天照大神・倭大国魂の二神の勢いが強くなって共に住むことができなくなる、という件がある。天皇は二神を大殿の外に出して豊鍬入姫命と渟名城入姫命にそれぞれ祭らせる。後に、垂仁天皇の御宇になって、天皇は今度は豊鍬入姫命から倭姫命に代えて、天照大神を鎮め坐(いま)させむ處を求めさせることになる。その行程等を伊勢神宮の古伝承と錯綜させながら制作されたのが『倭姫命世記』である。

さて前掲の一文であるが、筆者はその中のキーワードは「伎佐宇阿佐留」（キサウアサル）なる語句にあると思う。岩波大系本の頭注では「宇」は「乎」の誤記か、と記す。つまり「伎佐乎阿佐留」（キサヲアサル）の方が文に馴染むことでもあり、首肯できる判断である。が、その意味するところについては何も述べられていない。

大和国の笠縫村から天照大神の形代とともに転々とする倭姫命が「阿佐加ノ藤方片樋宮」（岩波大系本の頭注は「太神宮諸雑事記」の「伊勢国安濃郡藤方宮」を曳く）から阿佐加ノ加多に移動した際、多気連等ガ祖、宇加乃日子ガ子の吉志比女と吉彦の二人が参り来ったので、「あなたたちが漁っているものはなにか」と問うたところ、二人が「皇太神の御贄(みにえ)ノ林(はやし)

奉上ラムト、伎佐（乎）阿佐留」と申したので、倭姫命は「白す事恐シ」と述べた、とある。

この「伎佐（乎）阿佐留」とは何を意味するか。

私見では、倭姫命に対する捧げ物として御贄ノ林の中で二人が漁っていた「キサ」とは「切られたるリンガ」の擬きとしての「キサ」、すなわち「松茸」に類するものであろう。かつてゴータマ・ブッダの死因となった純陀（チュンダ）のもてなし料理が「松茸」の類であったのと同様に、（抜箭）巫女でもある倭姫命に対し、吉志比女と吉彦の二人は最大のもてなし料理の素材として「キサ」を漁っていたのであって、そのことに倭姫命は慄然としてショックを受けたのである。

さて『古事記』『日本書紀』『倭姫命世記』等の古文献は、幾重にも錯綜した造作と改作を経て成立したものであるが、ここで本稿に関わりのある事柄について筆者なりに整理しておこう。

①「天照大神」とは、本来的には『先代旧事本紀*』巻第三・天神本紀に記される「天照国照彦天火明櫛玉饒速日尊」であり、天押穂耳尊と萬幡豊秋津師姫との間に生まれた男子で太陽神である。これを『日本書紀』神代・第九段の本文等では皇孫・ニニギノ尊の子の一人・火明命へと改変する。

＊本稿の『先代旧事本紀』の記述に関わる部分については、大野七三編著『先代旧事本紀　訓註』を

参照した。

②また持統女帝が孫に当たる珂瑠皇子（後の文武天皇）に天皇位を禅譲するというくだりは『日本書紀』神代・第九段の本文等で天照大神の皇孫・ニニギノ尊が天孫降臨する説話とダブルイメージさせるものである。つまり祖母から孫（男子）への統治権の継承を正当化するために、書紀を造作もしくは改作して整合化を図っているのである。*

*持統天皇は帝位に即位していない。このことは『懐風藻』の証言によって明らかである。

これによって、持統女帝は自らを天照大神に仮託させ、伊勢への行幸を敢行する。

そこには藤原不比等が右大臣として『日本書紀』と律令の編纂にコミットし、中臣朝臣意美麻呂が神祇伯として女神・天照大神による伊勢・中臣神道の創出にコミットしたことが背景としてある。

③さて崇神紀六年条には、大殿の内に並び祭った天照大神と倭大国魂の二神（後述）と共に住むことができなくなった崇神天皇が、天照大神を豊鍬入姫命に託けて倭の笠縫邑に祭らせたことを載せる。その後、垂仁紀二十五年条には、天照大神を豊鍬入姫命から離して倭姫命に託けたことを記す。天照大神を鎮め坐させむ處を求めて倭姫命は各地を遍歴し、やがて伊勢国に到る。

『倭姫命世記』では、これを敷衍するかのように崇神天皇六年～五十八年の間には皇女・豊鍬入姫命が、同五十八年～垂仁天皇二十六年の間には姪・倭比売命が、それぞれ御杖代として天照大神を鎮め坐させむ處を求めて各地を転々とし、垂仁天皇二十六年に「度会ノ五十鈴河上に遷シ奉ル」ことを記す。

④この遍歴には如何なる意味が負わせられているのだろうか（というのが本題である）。

私見では、既に南船北馬説[4]が明らかにしてきたように、北馬系天神族（ニギハヤヒ等）が壱岐から北部九州の古遠賀湾に天神降臨して先住の南船系倭国稲作民を制圧し、豊前・香春岳に太陽神を祀ったニギハヤヒ王朝を打ち立てた（紀元前後）。一方、同じ北馬系である神武（崇神）は豊前・難波津から香春岳～古遠賀湾周辺平野部までを制圧して、そこに君臨していたニギハヤヒ王族を追放した。この北部九州で起きたことが原伝承としてあった。

次に、北馬系勢力の侵攻によって出雲から撤退したオオ氏・出雲族と、神武（崇神）勢により北部九州から放逐された外物部（皇孫に帰順しなかったニギハヤヒの後裔）とが開拓した大和を壬申の乱の勝者・天武が制圧、三輪山の麓に齋かれていた天照大神（天神族の「天照国照彦天火明櫛玉饒速日尊」）と倭大国魂神（出雲族の「大物主神」）の取り扱いをめぐって、過去に北部九州と出雲で起こった追放と流浪と再降臨の劇がまるでデジャヴュのように再演されたのである（ただし出雲系オオ氏の一部は苦杯を呑みながら帰順し、大和の地に留まることになる）。

⑤もっとも倭姫命の遍歴の本質は、以上のような先祖神の組み換えの再演劇とは別次元のシナリオが併行して進行していたことにある。それは天武天皇により着手された新たなクニ作りである律令国家体制が、持統女帝・藤原不比等コンビにより変質しつつ進行する過程でもあった。

つまり『倭姫命世記』に描かれているように豊鍬入姫命と倭比売命が天照大神の御杖代として遍歴した地の多くで「御田」「神田」が奉られたということは、それらの地で人々が焼畑農耕や陸稲栽培から水稲栽培（集団稲作）への転換を受け入れたことを物語っていよう。そのこと自体は生産・収穫力の向上と安定に繋がるもので「自然的」過程といえるものかもしれない。が、当時の時代状況・権力関係からみれば、水稲栽培への転換は班田収授の対象として王権の支配下に入ることで、それは取りも直さず耕地ばかりかすべての土地、すべての生活基盤を王権に収奪されることであった。さらに水稲栽培を受け入れることは王権の末端につながる地方豪族の権力基盤を保証するものではあったかもしれないが、植生的に水稲栽培が困難な盆地や寒冷地にあっては却って食糧の安定確保を困難にする危険を伴っていたことに留意すべきである。

その上でだが、豊鍬入姫命と倭比売命の遍歴の行程が多少ジグザグしながらも基本的には「東方」に向かっていることは紛れもない事実である。その最終ゴールが伊勢国「度会ノ五十鈴宮」であったことは、㋐伊勢国が当時の班田収授の対象地の東限であったことを示しているといえよう。㋑合わせて持統女帝が「天照大神」として君臨するための新たな信仰装置の創出を可能としたのが、その御膳立てとしての中臣（藤原）氏の勢力拡張であったというべきだろう。

（註4）室伏志畔が提唱する「幻想史学」について触れておく。歴史を〈指示表出〉としてだけでなく〈幻想表出〉からも読み解いていくとする方法論にはすでに多くの成果が得られているが、中でも列島史を東アジアの民族移動史の一齣に解体し、その基本矛盾を「南船・北馬」の興亡に見たことは、その白眉であろう。本稿ではその一部を④で借用しているが、ここで改めて室伏の「南船北馬」説を簡単にまとめておく。

かつて古田武彦は天国（対馬・壱岐等）から北部九州へのニニギ集団の天孫降臨説を打ち出した。が、それに先だって出雲では、北馬系のスサノオによる南船系の八雲王朝への侵攻があったこと。同様に九州では、古田の「九州王朝」に先立って、中国・江南から水稲耕作技術を携えて来た集団による国家の形成が始められていた。その中心地が石包丁の主産地であった現・福岡県飯塚市を含む古遠賀湾岸領域・遠賀川河口の平野部である。

その南船系倭国の中心部に北馬系ニギハヤヒ集団が天神降臨して新国家を樹立。追われた南船系倭国は後漢時代に博多湾岸へと移動するも（委奴国）、そこもニニギ系の天孫降臨によって奪われ、南船系倭国は三国時代には邪馬壱国に南接して対抗した狗奴国領域へと退却した。

さらに天孫・ニニギ系集団の傍流にあった神武系集団がニギハヤヒの天神王国（古遠賀湾岸平野部から田川盆地一帯までを主領域とする）を制圧したのが「神武東征」であり、ここに「皇統史観」が淵源する、というのが「南船北馬」説の骨子である。

補記2　「太陽」の二重神格について

中国・江南から列島に渡来した水稲耕作民にとって、「太陽」が稲作に豊穣のエネルギーをもたらすものとして熱い信仰の対象となったことは当然である。その太陽は大地から昇って中天に到り、西に沈んで大地に回帰するという循環運動を繰り返す。太陽が大地（母胎）から生まれるという水稲耕作民のこの原初の感覚からすれば、元来、太陽は彼らにとって女性神格であったと想到することができよう。

ところが世界神話の多くが「太陽神」を男性としているのは、社会の集団編成が男性優位時代になって以降の反映であることを指摘しておかねばならないだろう（バッハオーフェンの「Apollonian」、父権的段階）。倭国に天神降臨した「天照国照彦天火明櫛玉饒速日尊」が男性太陽神であるのはこうした文脈において解すべきであろう。

倭国九州から畿内・大和の地へと移動した、「持統」女帝所属するところの皇統が班田収授の東限の地と定めた伊勢国の地主神の名が「橦賢木厳之御魂天疎向津媛」である（神功皇后・摂政前紀の託宣に登場）。この神の名は大和岩雄が『日本神話論』で指摘したように、日神（男性神）としての「橦賢木厳之御魂（つきさかきいつのみたま）」と日神の神妻（女性神）としての「天疎向津媛（あまさかるむかつひめ）」とを合体させた神の名であるが、「持統」女帝は日神の神妻としての「天疎向津媛」を「天照大神（大日孁貴）」とすることで、かつての大地母神時代の神を復活・降臨させたことになる。このような一種の先祖返り的な神名の粉飾行為を「持統」女帝が正史編纂の場に持ち込んだことは、彼女が雑密修験の地・吉野にたびたび行幸していることと関連するのではないか。そこは敢えて幻視すれば、中国・江南の道教等の土俗信仰とも通底しているように思われるのである。

補記3　ヤクザと外道について

キワモノ本を好んで取り上げるものではないが、なべおさみ『やくざと芸能界*』に関連して少し言及しておきたい。というのも、第一章「象神考」及び第五章「割礼考」とニアミスしかねないからである。

＊講談社・二〇一五年刊、元本は『やくざと芸能と―私の愛した日本人』（イースト・プレス、二〇一四年刊）。

なべおさみは真摯な思考を通して「やくざ」の語源とルーツ等に迫っている。要約すると、BC930年頃、イスラエル王国は南北に分裂し、BC721年に北イスラエル王国がアッシリアに滅ぼされた時点で、イスラエル十支族の多くの民は東方めざして逃亡し、中国を経て紀元前に日本列島に渡来したのが秦氏である、とする。

さて、なべおさみは古代ヘブライ語に「クシュ」という言葉があり、「藁（わら）」の意であったとする。「クシュ」は日本語では「クサ（草）」と訛っている。農耕民として渡来した人々にとって稲穂は宝であるが残りは藁屑で、「クシュ」は人の役に立たない「クズ（屑）」となった。また「ヤー」はユダヤの唯一神「ヤハウエー」の略で、「クシュ（屑）」の「ヤー（神）」、すなわち「ヤークシュ」が「やくざ」に転訛したとする。

ヘブライ語に無知な筆者がこのなべおさみの考察をトンデモ説あつかいするつもりはないが、私見とは異なると思われるところについて以下に簡単に述べてみることにする。

既に第二章「象神考」で記したように梵語「kṣa（クシャ）」は「切る」意である。パーリ語「kuṣa（クサ）」は「草」で、両語の意味は異なる。なお書籍名は失念したが、オリエント世界では和語「草」のことを「クサ」と呼んでいるとの記述があったと記憶する。これがなべおさみがいう古代ヘブライ語「クシュ」と通底する可能性はあるだろう。

＊第五章「割礼考」を参照。

なべおさみは「やくざ」の語源を「ヤークシュ」（屑の神）とするが、私見では梵語で「yakṣa（ヤクシャ）」（仏教典・旧訳「薬叉」、新訳「夜叉」）と呼ばれた天部・外道が「やくざ」の語源であろう。

かつて外道において保守された信仰や仕来り等は次第に忌避されるようになり、忌避されたが故に後世の日本では「やくざ」の中に残存することにもなった。

例えば、①やくざの縄張りのことを「シマ」というが、これはパーリ語「simā（シマー）」（結界の意）と同じであることは既に述べた。＊

＊『外道まんだら』第一章「蜻蛉考」補記5を参照。

②やくざが足抜けして堅気になるにあたっては「指詰め」をするが、これは「抜箭」の擬きで、梵語「aṅgulimāla（アングリ・マーラ）」（音写・央掘摩羅、意訳・指鬘外道）の遺習である。指詰めして堅気になった人間にやくざが手を出さないというのは、被抜箭者が聖

なる者として畏怖されたことの残映でもある。
③「玉入れ*」は今日では一般的な性的遊戯（倒錯）の一種とみなされているようであるが、かつては抜丸された外道の代償行為としておこなわれたものが「やくざ」に風習として遺存されたとみることもできよう。

*マッチョ化の擬態として「陰茎と包皮との間に真珠玉二つを入れる」こと。

◎第三章

落語考

1 「はなす」とは

2 「はやし」とは

3 「林」について

4 巫祝としての「ハヤシ」

5 「ヲサ」について

6 芸能としての「ハヤシ」

本章は、数年前に落語好きの知人から、「落語と外道信仰との関係や如何？」と尋ねられたことに触発されて筆者の考えをまとめた書信がもとになっている。当時、少しでも身近に受け止めてもらえればと、文体を「ですます」調にして送ったのであるが、そのままの形で本書に収載することを了承願いたい。なお、一部補筆したところがある。

1 「はなす」とは

落語自体は近世に入ってからの芸能（話芸）と思いますが、和語の「落とし話」としての「はなし（話、咄、談、噺）」には、そも如何なる原義があるのか、といったあたりから考証を進めてみます。

手短に言えば、「はなす」（動詞）とは言葉でもって邪霊を「放（はな）す」という原始呪術的行為を指したものだと思います。

この和語「はなし」(名詞)に対応する漢字が「話」です。これについて白川静は『字通』で、『説文解字』にほめるの意味として「會合して善言するなり」とあることを曳く一方で、『一切経音義』にいつわりの意味として「訛言なり」とあることから、「人を譏(そし)り呪詛するような言をいう」としています。私はこの指摘は当たっていると思います。

因みにアイルランド神話ではドルイド僧の言葉が生み出す力が強力なテーマとなっていて、彼らが風刺の矢で舌鋒鋭く相手の顔面を撃つ場面がたびたび登場します。あるいはドルイドたちの影響力がその弁舌にあったことから、敵対するドイルド僧の舌は切られました(ミランダ・J・グリン

口撃(出典:ミランダ・J・グリン著『図説ドルイド』)

著『図説ドルイド』より)。

また琉球の諺に「イナゴーイクサヌサチバイ(女は軍の先駆)」というものがあります。これは共同体間の抗争が、まず女巫同士が先に立って相手をののしり合うことから始まったことを示しています。つまりドルイド同様、彼女たちがあたかも矢を放つかのように言霊を放ったことが古代信仰の一端を荷っていたことを物語っています。

2 「はやし」とは

では「ハナシ」という和語(訓音)は、どうしてそう発音するのでしょうか。私見では、パーリ語「hā」の受動態である「hāyati」(失われる、の意)の音便転訛した語として「ハヤシ」があり、「ハナシ」があったと考えています。

「ハヤシ」の動詞形「ハヤス」には「映す、栄す、囃す、生やす」などの意味があります。このうち「生やす」は一般的には「生長する」の意ですが、『広辞苑』では「切る」の忌詞であるともしています。各地の方言でも「はやす」を「切る」の意で用いている例がありま す(京都府与謝郡、鳥取県、群馬県吾妻郡、淡路島、高知県、宮城県仙台市ほか。東條操編『全国方言辞典』)。

つまり「ハヤス」「ハヤシ」「ハナス」には事物であれ言葉であれ、「切り離す」ということが含意されており、その初源は「リンガを切除する」ことにあったというのが私の考えです。

3 「林」について

一方、この「ハヤシ」を「林」という漢字の訓音にしているのは何故でしょうか。

白川静は「林」という漢字について、①『説文解字』に「平土に叢木有るを林と曰ふ*」が曳かれていることを示すとともに、②『小雅』に「百禮既に至る　壬たる有り　林たる有り」とあり、神気のたちこめるような状態、③あるいは『爾雅』に「君なり**」とする訓があるも、その由るところ不明、としています。

＊徳永註、現在使用している木のおい茂ったところという意味と同じ。
＊＊第四章「「木と林」について」を参照。

これについて私は、「林」とは文字通り、木と木の間で祭祀をおこなう聖なる空間を指す字ではないかとみています。それは「蘇塗（ソト）」を連想させるものです。

『三国志・魏書』烏丸鮮卑東夷伝の韓伝・馬韓の条に、以下のような記述があります。

十月農功畢、亦復如之。信鬼神、國邑各立一人、主祭天神、名之天君。又諸國各有別邑、名之為蘇塗。立大木、縣鈴鼓、事鬼神。諸亡逃至其中、皆不還之、好作賊。其立蘇塗之義、有以浮屠、而所行善悪有異。

参考までに読み下しと、拙訳を左に掲げます。

（読み下し文）
十月に農功畢る時も、またこれの如し。鬼神を信じ、国邑にはおのおの一人を立てて、天神を主祭させむ。これを天君と名づく。また諸国各にはおのおの別邑有りて、これを名づけて蘇塗とす。大木を立て、鈴鼓を縣け、鬼神に事う。諸亡逃げてその中に至れば、皆これを還さず、好みて賊をなす。その蘇塗を立つるの義、浮屠に似たれども、行うところの善悪は異なれり。

（拙訳）

［前略］（馬韓五十余国の国々には）それぞれ天神の祭りを司る「天君」と呼ばれる祭祀者がいる。また国々にはそれぞれ「蘇塗」と呼ばれる別邑があって、そこでは（複数の）大木の間に鈴と太鼓が懸けられた祭祀空間が形成され、（それらの楽器を鳴らし＝「お囃し」を奏しながら）神降ろしがおこなわれる。蘇塗は禁足地で、いったんそこに逃げ込んだ者は連れ戻されることはない。云々

古代の馬韓の人々は、大木が立つ場所を大地の生命力が溢れ出てくるところとみて、そのような壮大で盛んなる場所には神が降りてくると考えて、そこに結界を張って祭祀空間としたようです。この大木が林立する空間では、巫祝による邪霊を放つ「話（はなし）」（神降ろしの掛け声のようなもの）がおこなわれたり、鈴や太鼓を鳴らして「お囃子」が奏されたりしました。[1] この祭祀空間は「蘇塗」と呼ばれて俗界で罪を犯した者であっても、一旦そこに逃げ込めば連れ戻すことができないとされた霊威の強い空間だったようです。

ついでながら、この「蘇塗」は在俗世界からみると、この世ならぬ世界、この世の「外」

とみなされるわけです。映画『赤目四十八滝心中未遂』で最も印象的な科白は、寺島しのぶ演じる綾ちゃんの「私を、この世の外に連れてって！」でした。

このように「ソト」とは在俗世界からは他所・異界を指す言葉であり、古代日本においても中央の権力から排除された民が残したアジールの痕跡が、現在でも本州最北端の津軽に「外（率土）ヶ浜」の地名で残っています。

（註1）「イタコ」「ゴミソ」などには神が憑依した状態になることが知られています。現代でも舞台上での歌手や役者の表現に「神が降りてきた」と観客がみてとる瞬間があることは、蘇塗における巫祝集団が「神降ろし」をおこなっていたことと本質的には同義です。

4　巫祝としての「ハヤシ」

したがって「ソト」と「ハヤシ」とは、本質的には同じものを指していると考えてもよいでしょう。「蘇塗」と「林」という祭祀空間を司っていた巫祝集団は当初、文字通り司祭者としての権能を有していたはずですが、後世にはその信仰を保守したが故に王権並びに在俗世界から忌避され、次第に零落していく運命を辿ります（もっとも日本において最大の巫祝集団である天皇家だけは例外ではありましたが）。

彼らは①一部は巫祝（神官、僧侶、陰陽師など）として存続し、②芸に長けた者は芸能者として生き残ります。しかし大半は③名もない歩き筋（アルキ白拍子、アルキ御子、アルキ横行、茶筅売り、熊野比丘尼など）や、④笠縫い、蓑作り、筆結い、などで細々と命をつなぎます。さらには⑤外道筋（犬神、狐狸、トウビョウ、ゴンボダネなど）と呼ばれる化外の民、人外の境へと落ち往くのでした。

5 「ヲサ」について

少し脱線しましたが、本題に戻して「落語（はなし）」と「林（はやし）」との関係を考えます。先に「はなし」とは「はやし」からの転訛では、としましたが、それだけでは当てずっぽの言葉遊びに過ぎません。考証を進めてみます。

平安時代の紳士録ともいうべき『新撰姓氏録』には「林」姓について幾通りかの出自が録されていますが、ここでは「曰佐（ヲサ）」氏にスポットを当ててみます。姓氏録の系図を整理すると次のようになります。

第八代孝元天皇――彦太忍信命――武内宿禰命――曰佐、林朝臣、紀朝臣、その他
同右――大彦命――他田（ヲサダ）

さて、この「曰佐」氏とは何を意味しているかといいますと、「譯語（ヲサ）」氏、つまり通訳を職掌とする一族・集団のことを指します。

時代は近世へと下りますが、支那・福建省の高僧・隠元（本姓は林氏）が江戸時代に黄檗宗を伝えるため来日した時の受け皿になったのが、長崎・崇福寺の檀首で訳士（通訳）でもあった林仁兵衛たちでした。

古代日本で通訳の役割を担ったのが日本への渡来人（バイリンガル）であったのは当然ですが、彼らは単に渡来人というだけでなく、元は祭祀集団としての「林」族であり、歩き筋としての「林」族でもあったわけです。この祭祀・異能集団である「林」族の一側面に職掌としての譯語（ヲサ）があるわけです。

「ヲサ」が一般的には共同体の「長」を意味したのは、「林」族が高度な文化性と世界性の

上に立っているからにほかなりません。

因みに、①兵庫県神戸市長田区に「式内社　長田神社」があり、近くには「林田村」「林山町」「長者町」があり、長田区の菅原地区に在日朝鮮・韓国人が多く居住しているのも歴史の地下水脈を感じさせます。

②また神戸華僑のドンとして活躍したのが「林同春*」でした。

＊一九二五年生まれ、福建省出身。九歳で来日。神戸華僑総会会長の在任期間は一九八六～二〇〇〇年。二〇〇九年没。

③和歌山県那賀郡粉河町に「長田観音」がありますが、近辺に林氏の小堂と祇王祇女の墓が伝えられています。このような例は全国に無数にあると思います。

6　芸能としての「ハヤシ」

このように「林」族の一側面としての「譯語（ヲサ）」が何故、落語と関係するかについては、もうお察しがつかれたことと思います。

つまり言語上の「囃（はや）し」から「噺（はな）し」への音便変化だけでなく、「譯語」がバイリンガル・マルチリンガルの能力を有する者を指す以上、落語という話芸の最大の特徴である一人で数役のマルチプレイヤーを演じるところで通底しているのです。高座の座布団は数役を演じ分ける話者にとっての、かつての聖なる「結界」の名残りと見ることができましょう。

江戸落語の一門に「林家（はやしや）」があるのも故なきことではありますまい。

因みに吉本興業の創業者一族である林正之助は播州明石の出身で、そこには全国に五つある「式内社　林神社」の一つがあります。吉本の創業（一九一二年）地は天満天神近くの「第二文芸館」（一九一五年に「天満花月」に改称）で、花月派として落語界の育成にも努めました。

大坂天満宮では江戸時代中期から境内芝居が興行され、櫓興行を経て「中芝居」で界隈は賑わいました。その地に近年、上方落語の常設場として「天満天神繁昌亭」が開設されたのも歴史の因縁というものでしょう。

「上方漫才の父」と呼ばれた秋田実も、本名は「林廣次」でした。

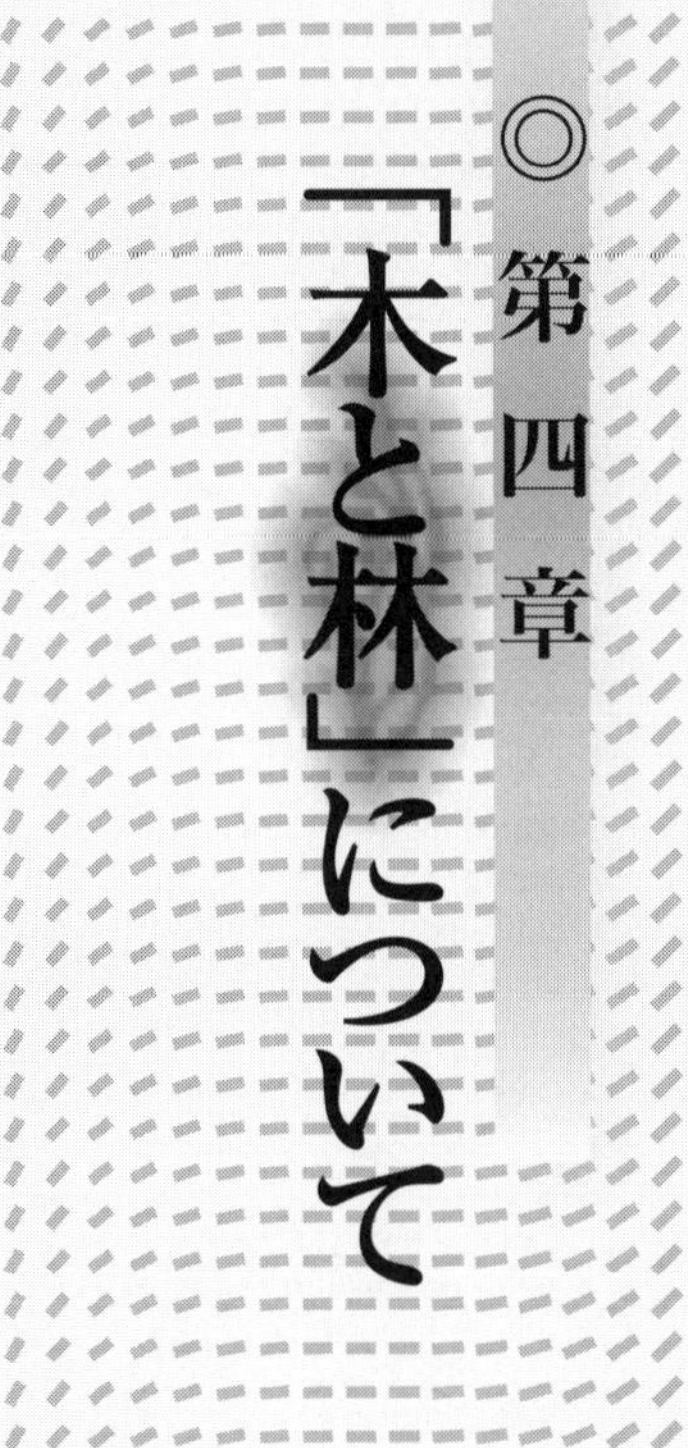

◎第四章

「木と林」について

1 『新撰姓氏録』に見る「林」姓

2 蘇我氏と「林太郎」

3 蘇我氏と忌部氏

4 「貴国」について

5 「ハヤシ」族と木貴・物忌

6 「木」と「鳥」

前章「落語考」を前口上として、ここでは「木と林」についてさらに掘り下げて考えてみたい。筆者はそこにダイヤモンドの鉱脈を探り当てたと幻視したのであるが……。

1 『新撰姓氏録』に見る「林」姓

「落語考」でも少し取り上げたが、改めて『新撰姓氏録』[1]から「林」姓をリストアップしてみると、皇別・神別・諸蕃のそれぞれに「林」姓がみえる。

まず皇別では、八代孝元天皇の孫（日本書紀）もしくは曽孫（古事記）である武内宿禰（母方は紀直遠祖・菟道彦の女・影媛［紀］、木国造祖・宇豆比古の妹・山下影日売［記］）の後也として「林朝臣」（左京、河内）。

神別では、高皇産霊尊（一名、高木神）……道臣命（大伴氏の遠祖）の後裔に「林宿禰」

（河内）。

諸蕃の項では、百済国人「木貴公」の下に「林連」（左京）、「林」（右京）、「林史」（摂津）、「大石林」（右京）。百済国直支王（古記伝、周王）の下に「林連」（河内）。倭漢氏族・志努直の第二子に「林忌寸」（河内）、同じく倭漢氏族・坂上氏流に「林宿禰」（河内）。

以上のように「林（ハヤシ）」族は、皇別では武内宿禰を介して「紀」氏と連なり、神別では「高木」神の後裔とされ、諸蕃では百済系に「木貴公」の後とあるように、「木」をキーワードとしていることに留意してもらいたい。

（註1）『新撰姓氏録』は嵯峨天皇の命によって編纂された古代氏族の名簿。弘仁六年（815）、萬多親王ら六名によって上表された。対象は京および畿内に住む氏族を「皇別」「神別（天神、天孫、地祇）」「諸蕃」に分類したもの。ただし原文は残っておらず、多くの写本・刊本がある。ここでは氏族の記載に当たって、佐伯有清『新撰姓氏録の研究本文篇』に拠った。

2　蘇我氏と「林太郎」

蘇我氏の出自について、通説では記紀等を踏まえて「武内宿禰―蘇我石川宿禰―満智―韓子―高麗（馬背）―稲目―馬子―毛人（蝦夷）―鞍作（入鹿）」とする。

これに対し門脇禎二は、応神紀二十五年条に登場する「百済の木（羅）満致」を『三国史記』百済・蓋鹵王二十一年（475）条の「木（刕）満致」と同一人物であるとし、「蘇我氏＝百済からの渡来人説」を唱えた。一方、蘇我氏は渡来人ではなく葛城氏の出であるとする学者・研究者も多い。

しかし筆者には、いずれも大和一元史観からの解釈の域を出ないという不満がある。九州王朝説から出発した兼川晋は『先代旧事本紀』を曳きつつ、「磐井の乱」を鎮圧した豊の物部麁鹿（あらか）が麁鹿（そが）だとする画期の論をなした。蘇我氏の出自を物部氏としたことは、先祖が北馬系天神（ニギハヤヒ）に連なることを意味しようが、ここで兼川が解いてみせた百済王統の三系（沸流系、温祚系、仇台系）の角逐の検証は一旦棚上げにして、私なりに蘇我氏が百済系「木」氏に係わることを追跡・究明してみたい。

まず『日本書紀』応神天皇二十五年条にある次の記述である。

> 百済の直支王薨りぬ。即ち子久爾辛、立ちて王と為る。王、年幼し。木満致、国政を執る。王の母と相婬けて、多に無礼す。天皇、聞しめして召す。百済記に云はく、木満致は、是木羅斤資、新羅を討ちし時に、其の国の婦を娶きて、生む所なり。其の父の功を以て、任那に専なり。我が国に来入りて、貴国に往還ふ。制を天朝に承りて、我が国の政を執る。権重、世に当れり。然るを天朝、其の暴を聞しめして召すといふ。

同文中の「木満致」について門脇禎二が『三国史記』百済・蓋鹵王二十一年（475）条の「木（劦）満致」と同一人物であるとしたことは既に述べた。

次いで『日本書紀』履中天皇二年条に「是の時に当りて、平群木菟宿禰・蘇賀満智宿禰・物部伊莒弗大連、圓此をば豆夫羅と云ふ大使主、共に国事を執れり。」とあるが、『古事記』には見えず。

このうち「蘇賀満智宿禰」は『公卿補任』の蘇我稲目の項に「満智—韓子—高麗（馬背）—稲目」とあり、『尊卑分脈』には「彦太忍信命（孝元天皇皇子）—屋主忍男武雄心命—武内宿禰—石川宿禰—蘇我麻智宿禰」とある。また孝元記には建内宿禰の子として九子（男七・女二）のうちに蘇我石河宿禰があり、蘇我臣・田中臣・高向臣等の祖とする。なお『古語拾遺』中の雄略天皇の項には「蘇我麻智宿禰をして三蔵（斎蔵・内蔵・大蔵）を検校しめ」るとある。

因みに百済の有力な八氏族として、中国史書『通典』（唐の杜祐が七六六～八〇一年に編纂）の「辺防典、巻一八五、辺防一、東夷伝。百済」は「沙氏、燕氏、刕氏（刕音俠）、解氏、眞氏、國氏、木氏、白氏」を上げている。

ところで時は遡るが、『日本書紀』応神天皇三年条に次の記述がある。


是歳、百済の辰斯王立ちて、貴国の天皇のみために失禮（ゐやな）し。故、紀角宿禰・羽田矢代宿禰・石川宿禰・木菟宿禰を遣して、其の禮无き状を嘖譲（ころ）はしむ。是に由りて、百済国、辰斯王を殺して謝（うべな）ひにき。紀角宿禰等、便に阿花を立てて王として帰れり。


ここに遣使された紀角宿禰・羽田矢代宿禰・石川宿禰・木菟宿禰はいずれも武内宿禰の後裔であり、蘇我氏もまた石川宿禰を介して武内宿禰の後裔に連なる。

もっとも、これらの系図には後世の作為・造作が加えられているであろうことは筆者としても承知している。その上であるが、節で上記に引用した国名や人名に共通している音が外道信仰を背景としていることを指摘したい。なお、倭語と中国語、百済語の音・訓の別を捨象した粗暴な立論との批判があろうが、私見では倭語は古くには列島内に限ったものではなく、大陸・朝鮮でも倭人によって用いられていたとの見地から記述していることをご承知おき願いたい。

順に拾ってみると、『日本書紀』応神天皇二十五年条の「木満致」「木羅斤資」「貴国」。『三国史記』百済・蓋鹵王二十一年（475）条の「木（刕）満致」。『日本書紀』応神天皇三年条の「貴国」「紀角宿禰」がある。

節のテーマである蘇我氏については、石川宿禰を介して武内宿禰の後裔であり、「紀角宿禰」とは同系である。さらに孝元記に大毘古命は「木国造の祖、宇豆比古の妹、山下影日賣を娶して、生める子、建内宿禰」とあり、蘇我氏が「木（キ）」と強いつながりをもつ氏族であることが分かる。

筆者は先に「落語考」の中で、馬韓五十余の国々には天神の祭りを司どる祭祀者の他に、「蘇塗」と呼ばれる別邑に鬼神を祀る巫祝集団がいた、とする『三国志』の記事を紹介した。大木に囲まれた聖なる空間（＝禁足地）で祭祀を執り行う集団が「木」氏を名乗り、「林」氏と呼ばれたことはいたって自然なことだったと考えるのであるが、どうだろうか。

先に述べたように、門脇禎二は「蘇我氏＝百済渡来人」説を提唱した。しかし折角の立論にもかかわらず門脇説が一部の識者を除いて顧みられないのは、蘇我氏の本質を捉え切れていないことに一因があるからだと筆者には思われる。門脇は「木」という重要なキーワードを記しているにもかかわらず外道信仰を理解しないのである。

例えば、皇極紀二年十月条は、蘇我入鹿が皇嗣継承に介入する意図をもつと断言したあとで、童謡として、

岩の上に　小猿米焼く　米だにも　食げて通らせ　山羊の老翁

をのせる。そして十一月条で山背大兄王一族が入鹿によって亡ぼされたことを書いたあと、先の童謡の釈意として、

「岩の上に」といふを以ては、上宮に踰(たと)ふ。「小猿」といふを以ては、林臣に踰ふ。林臣は入鹿ぞ。「米焼く」といふを以ては、上宮を焼くに踰ふ。「米だにも、食げて通らせ、山羊の老翁」といふを以ては、山背王の頭髪斑雑毛にして山羊に似たるに踰ふ。（略）

と記す。
また皇極紀三年六月是月条の謡歌として

小林に　我を引入て　奸し人の　面も知らず　家も知らずも

をのせ、同四年六月条にその釈意として、「此入鹿臣が、忽に宮の中にして、佐伯連子麻呂・稚犬養連網田が為に、誅さるる兆しなり」と記す。

さらに『上宮聖徳法王帝説』は「蘇我豊浦毛人児入鹿臣□□林太郎[2]」と記しているではないか。

つまり蘇我氏は「入鹿」の代において、自らを「林臣」「林太郎」と称していたことを『日本書紀』等は明示しているのである。果たして蘇我氏を指して用いられたこれらの「林臣」「林太郎」という名称は何を語っているのであろうか。

結論からいえば、蘇我氏のルーツは北方中国から朝鮮を経由して倭国に渡来した巫祝・祭祀集団（「ハヤシ」族）だったのである。仏教に深く帰依した一族であるという通説は、後世になってからのことである。

リンガを暗喩する「木」にまつわる聖木信仰は北方・南方を問わず世界的に見られる豊穣信仰であるが、ユーラシア大陸の北方遊牧民には冬に落葉する木の再生を願う聖木信仰があった。

満洲ホジェン族による「木主*」の祀りはその痕跡であり、中国の南北朝時代の北魏でも漢化政策をすすめた孝文帝の前の代までは毎年四月四日に都の西郊で木主を使った祀天の儀式をおこない、都の南郊でも祀天の儀式をおこなっていた（川本芳昭『中華の崩壊と拡大』）。その祀天の儀式を西郊から南郊に一本化したことは、太古からの東西軸を優先する信仰から、天子が君臨する南北軸信仰への転換を意味していよう。

＊木の人形のこと。

なお北魏は三国時代の鮮卑族(3)・拓跋力微を祖とし、その七代目の拓跋珪が太祖・道武帝として三八六年に建国したもので、それから三代目の世祖・太武帝（拓跋燾）の時代に華北を統一する（439）。太武帝から数えて七代目の拓跋宏が高祖・孝文帝（親政490〜499）である。

さて、ユーラシア大陸北方遊牧民の「木主」信仰は、朝鮮に入って「長栍（チャンスン）」「鳥竿（ソッテ）」信仰へと展開し、やがて倭国・日本の「鳥居」へと形象化する。

その際、朝鮮の馬韓（後の百済）における「蘇塗」での祀りが、ハヤシ族によって執り行われた後、倭国（日本）では「ハヤシ」族の一員である蘇我氏によっても担われていたとみたい。

（註2）その条文を改めて記すと、「飛鳥天皇御世　癸卯年十月十四日　蘇我豊浦毛人児入鹿臣□□林太郎　坐於伊加留加宮山代大兄及其昆弟等　合十五王子等□□□□」。

さらにこれに続く条文には「□□□皇御世乙巳年六月十一日　近江天皇生廿一年㪅於林太郎□□以明日其父豊浦大臣子孫等皆滅亡」とある。

これらを日本思想大系本では、「飛鳥天皇ノ御世に、癸卯ノ年ノ十月十四日に、蘇我豊浦毛人が児、入鹿臣、□□林太郎ト　伊加留加宮に坐しし山代大兄ト其ノ昆弟等、合(しかしなが)ら十五ノ王子等を（悉く滅しき）。」として、いかにも入鹿臣と林太郎とは別人であるかのように読み下している。

（註3）先に百済人として「木羅斤資」「木満致」の「木（羅）」姓を見たが、佃收は『晋書』から鮮卑族・慕容廆の祖父の名が「木延」であったことを明らかにしている。慕容廆が永嘉初（三〇七年頃）に鮮卑同族の「木津」等を討ったことや、慕容皝が咸和九年（334）に鮮卑同族の「木提」を攻めたことなど、佃は「木」姓・鮮卑人を拾っている。

3　蘇我氏と忌部氏

平林章仁は『蘇我氏の実像と葛城氏』で、蘇我氏は仏教のみならず神祇信仰にも関わっていたのではないかとみている。

平林は奈良県橿原市曾我町の「曽我玉作遺跡」を枕に、蘇我氏と忌部氏の関係に迫っている。

①蘇我氏の発祥地については諸説あるが、六世紀中葉頃には大和国高市郡曽我（現・奈良県橿原市曾我町）が主要拠点であったことはほぼ確かであること。一方、忌部氏の本貫は大和国高市郡忌部里（現・奈良県橿原市忌部町）で、両者は至近の距離にあり、室町時代の『忌部庄指図』に「忌部　大路堂　曽我　此三個庄者従往古野一之在所也」とあって同一地域内とみなされていたこと。

②職掌面において蘇我氏と忌部氏は「クラ」に関わりがあったこと。

蘇我氏については、例えば欽明記には欽明天皇の皇子に「宗賀の倉王」、同じく欽明紀二年条には「倉王子」、舒明即位前紀には蘇我馬子の子に「蘇我倉麻呂またの名、雄當」とする。この雄當の三人の男子は、孝徳即位前紀の右大臣・蘇我倉山田石川麻呂、天智朝の左大臣・蘇我赤兄と右大臣・蘇我連子はともに「蔵大臣」と呼ばれた（『公卿補任』）。また、蘇我入鹿の別名である「鞍作」も「クラ」に関わるものであるといえる。

「クラ」の管理については漢氏系、秦氏系にも早くから関ったとする所伝があるが、蘇我氏の場合は六世紀中葉に大臣に就くことによって「クラ」の統括的管理をおこなったとみるのが通説である。

『古語拾遺』は「雄略天皇の時、蘇我麻智宿禰に齋蔵、内蔵、大蔵の三蔵を検校させた」とし、また「忌部氏が神物を収納した齋蔵の管理に従事した」とのクラ伝承も載せている。つまり、蘇我氏と忌部氏は王権の祭祀に必要な神物の生産と収蔵という職掌を介して、クラに関与するところがあったこと。

さらに平林は、③律令制後の地方の部（べ）について、阿波国では忌部が麻植郡忌部郷を本拠とし（『古語拾遺』）、同国板野郡田上郷には忌部とともに宗我部の居住が記載*されていること。讃岐国でも『古語拾遺』は手置帆負命を祖とする忌部を記し、『和名抄』大内郡・鵜足郡には宗我部がみえること。また「天平神護二年越前国司解」に越前国足羽郡上家郷に忌部、同足羽郡草原郷と坂井郡粟田郷に蘇我部、江沼郡山背郷に宗何部が記載されていることなどから、蘇我氏と忌部氏とが近接して居住していたことを明らかにしている。

問題は、蘇我氏と忌部氏とが神祇に係わる「クラ」の職掌を介して近住していたのは何故か、ということである。

＊延喜二年戸籍。

そこで改めて『古語拾遺』中の「造殿」に関する記述を見てみよう。

仍りて、天富命太玉命が孫なり。をして、手置帆負・彦狭知の二はしらの神が孫を率て、齋斧・齋鉏を以て、始めて山の材を採りて、正殿（みあらか）を構（つく）り立てしむ。所謂、底つ磐根に宮柱ふとしり立て、高天原に搏風（ちぎ）高しり、皇孫命のみづの御殿を造り仕へ奉れるなり。故、其の裔、今紀伊国名草郡御木・麁香の二郷に在り。古語に、正殿は麁香と謂ふ。材を採る齋部の居る所は御木と謂ふ。殿を造る齋部の居る所は麁香と謂ふ。是其の証なり。

『古語拾遺』には言及すべき多くの事柄があろうが、ここでは本稿のテーマである「ハヤシ」問題に限る。引用した「造殿」の項からは、齋（忌）部氏の祖は山の材（き）を採って神が住まう正殿を造ることを職掌としていたことがわかる。その裔が紀伊国名草郡に御木（みき・材を採る齋部）、麁香（あらか・殿を造る齋部）として二郷に分かれて居住したことを記す。文中には「山の材（き）」「紀伊国（きのくに）」「御木（みき）」と「木」に関する語彙が出ている。就中「麁香（あらか）」が「ソカ」＝蘇我に通音することは本項で述べてきた「蘇我氏と忌部氏」との関係が深部において通底していることを幻視させるものである（ここでは兼川晋の「物部麁鹿（あらかひ）」を「麁鹿（そが）」とする説には立ち入らない）。

では何故、「蘇我氏と忌部氏」との関係が深部において通底しているのかについて私見を述べておく。

先に『日本書記』から引いたように、蘇我氏は「入鹿」の代には、自らを「林臣」「林太郎」と称していた巫祝・祭祀集団（「ハヤシ」族）であった。このことは彼らが、倭国においても聖木信仰と密接な関連を持つ神祇信仰に関わっていたであろうことを示していること。ただし、その証跡を記紀等には見出し難いが、前出の『古語拾遺』からの引用で示したように齋（忌）部氏が天孫降臨以来、聖木信仰を担ってきたことは一つの根拠となろう。

というのも倭国・日本国の「部民制」は、北魏の「八部制」および高句麗の「五部制」、百済の「五部制」、新羅の「六部制」に淵源するものだったからである。

朝鮮で神を齋いた職掌であったであろう「林」部は「lin もしくは rin」の子音の「L もしくは R」が脱落して「in」と発音され、倭国・日本国では（イン、いむ）から「忌（齋）」部と称されるようになった（現代の韓国でも子音の「L もしくは R」が脱落して発音されることは周知のことであろう）。朝鮮で鬼神を齋いた「林」部が倭国で神祇を担う「忌（齋）」部に衣替えしたのは、彼らも天孫降臨族の一員だったことからであろうと筆者は考える。

あるいは、訓読みの「斎・部」（いむ・べ）とは「忌部」のことであることから、漢読みでは「忌部」（キ・べ）＝「鬼部」＝「木部」のことでもある。また「林」を「君」の義とするのは、訓読みでは「きみ」から「いみ」への音便転訛が推量されることから、君が貴いが故に忌まれたことによろう。また「林」は人名として「きむ」とも訓む。

ただし高句麗の「五部制」、百済の「五部制」、新羅の「六部制」のいずれにも「林部」の職掌名はなく、こちらからの明証は得られない。官制の変遷によるものか、あるいは巫祝に関わるが故に秘匿されたのか。なお匈奴の一部族として、周代から戦国時代にかけて「林胡」がおり（『史記』に「晉北有林胡」）、その後裔が高句麗・百済・新羅に紛れ込んだかもしれない。

そのような中で、百済の官制に内官十一部の一つとして「木部」があることは注目される。それに対応する職掌名としては『日本書紀』孝徳天皇・大化元年七月条にみえる「又勅したまはく、「鬼部達率意斯が妻子等を送り還すべし」とのたまう。」の「鬼部」が相当しよう。あるいは『新撰姓氏録』諸蕃中、右京「大原史、出自漢人木姓阿留素、西姓令貴也」や、同河内国皇別に「紀部、建内宿祢男　都野宿祢命之後也」に痕跡が伺えよう。

また太田亮著・丹羽基二編『新編　姓氏家系辞書』では、「キベ」を紀部と同じく紀氏の部曲とする見解を採り、「木部氏」として①清和源氏の三上氏族、②武蔵春日氏族の小野猪股党、③石見清和源氏の吉見氏族、などを挙げている。いずれも古くからの巫祝の名残りであろう。

なお、中臣氏が後世枢要な神祇に与ったのは、藤原氏が実質的に国家権力を握ってからのことである。『日本書紀』における不比等の荘厳にもかかわらず、当初は並み居る巫祝集団の一傍系であったに過ぎない。

天孫降臨とともに大陸・朝鮮から倭国に渡来した祭祀・巫祝集団（「ハヤシ」族）の一派

は、材を採るインベと殿を造るインベに分かれ、後者は一時、歴史に伏流する。「稲目―馬子―毛人（蝦夷）―鞍作（入鹿）」の代に蘇我氏として表舞台に登場した時は、その祭祀集団としての性格も変質していた。蘇我氏が崇仏派と攻撃されたのは、彼らが仏教という新たなファッションを纏った巫祝集団に変貌を遂げていたからだろう。

さて（武内宿禰から）蘇我氏に繋がる渡来系巫祝集団である「ハヤシ」族は、倭国の何処に居住したのであろうか。

4　「貴国」について

「ハヤシ（林）族」に関連して「木」にまつわる職掌面から少し考察したが、ここで「貴国」問題に触れておく。「貴国」は『日本書紀』では神功紀四十六年三月条、五十一年三月条、五十二年九月条、六十二年条と、応神紀三年条、八年三月条、二十五年条に登場する。

佃收はこの「貴国」について、大陸・朝鮮から渡来した神功皇后等が「イト（現・福岡県糸島市）」を本拠地として362年から364年にかけて熊襲征伐をおこなった結果、筑前から肥前にかけて領有し建国したものである、とする。その貴国は372年（神功五十二年）から382年（神功六十二年）に、武内宿禰に取って替わられる。

その武内宿禰も応神九年（398）、甘美内宿禰の讒言により筑紫から紀水門（現・和歌山市）に逃げ、その後、紀伊（和歌山市）から現・奈良県御所市（葛城）に来ている、とする。*

＊詳しくは佃收『四世紀の北部九州と近畿』「古代史の復元」シリーズ④、および『季報　唯物論研究』第138～139号掲載佃論文を参照。

一方、室伏志畔は『誰が古代史を殺したか』で、武内宿禰は現在の佐賀県三養基郡基山町の旧名「基肄（きい）」で生まれたとし、倭建命として活躍したことで倭国王統の内大臣に迎えられた後、基肄に戻ったとする。その後、武内宿禰は讒言にあい、筑豊・遠賀川河口近くの織幡神社に沓一つを残し失踪した。その行く先が畿内河内である、とした。

『古事記』仲哀天皇の条には、熊曽攻撃をめぐって、筑紫の訶志比宮で天皇が琴を弾き、建内宿禰が沙庭に居て、皇后が神帰せをして神託を受ける場面がある。*筆者はこの場面の建内宿禰は巫祝で、「ハヤシ」族であったことを証していると考える。

＊『日本書紀』神功皇后・摂政前紀には仲哀天皇の崩御後、皇后が神主となり、武内宿禰が琴を弾き、中臣烏賊津臣が審神者（さには）として神託を得ようとする場面があるが、これは書紀の造作であ

る。中臣氏（後の藤原氏）は後世の割り込みに過ぎない。

さて、我々がこの「貴国」問題を考えるにあたって、古田武彦が『失われた九州王朝』で本質的な指摘をおこなっている。ここでは『日本書紀』神功紀六十六年条に分注として引用された「晋起居注」についての古田の史料批判のやり方を見ることとする。そのために岩波大系本から同条を全文引用する。

（分法／原漢文）
是年、晋武帝泰初二年。晋起居注云、武帝泰初二年十月、倭女王遣重訳貢献。

（読み下し）
是年（ことし）、晋の武帝の泰初の二年なり。晋の起居の注に云はく、武帝の泰初の二年の十月に、倭の女王、訳（やく）を重ねて貢献せしむといふ。

右は「卜部本」系列の古写本の文面で、現在刊行されている一般的な『日本書紀』の本文として採用されているものである。例えば「熱田本*」。

*永和元年（1375）から三年にかけて熱田の円福寺住僧・厳阿が奉納。熱田神宮所蔵。

ところが、これより古い「北野本*」では「六十六年。是年、晋武帝泰初三年初。晋起居注云。武帝泰初始二年十月貴倭女王遣重訳貢献之他」とあって、「倭女王」ではなく「貴倭女王」とあった。

＊京都・北野神社所蔵。「神功紀」は吉野朝の成立とされる。

そこで古田は「北野本」と「卜部本」における「神功紀」中の表記を精査した。例えば神功紀六十二年条は、「北野本」が「新羅不奉貴国遣沙至比跪令討之（読み下し・新羅、貴国に奉らず、貴国、沙至比跪を遣わして之を討たしむ。）」とあるのに対し、「熱田本」では「新羅不奉貴貴国国遣沙至比跪令討之」と表記。

さらに同じ卜部本系列の「内閣文庫本」（永正本。ただし、原本は慶長頃の書写といわれる）では「新羅不奉貴〻国〻沙至比跪令討之」、「卜部兼右本」（天文九年（1540）天理図書館所蔵）では「新羅不奉貴国〻〻遣沙至比跪令討之」となっていた。

「卜部兼右本」は天文九年成立の本であるが、「禁中御本」を以て校合を加えた、と書かれている。この「禁中御本」は鎌倉期、「弘長元年十、十一月」に成立した本だという。ところで、この御本では「倭女王」の箇所は「貴倭女王」となっていた。「卜部兼右本」の「貴イ」という傍記が、その校合結果を示していた。すなわち、「貴倭女王」の形の古いことが知られる、と古田はしたのである（以上、古田武彦『失われた九州王朝』に拠る）。

しかし右に見たように「北野本」以外の写本者たちは「貴倭女王」を「倭女王」と勝手に

校訂して、今日ではこれが『日本書紀』の主流・正統となっている。

この古田の文献考証の成果の上に立ってのことであるが、それでは何故、「貴倭女王」の語句が神功紀に記載されているかということである。筆者は中国側の文献で「倭国」と呼ばれていた北部九州を中心とする一帯のうち、今日の筑前・肥前の領域に後に「神功」と呼ばれた女王が「貴国」を建国したことからだったのではないかと考える。

さて本題に戻ろう。応神紀三年条（前掲）にみえる「貴国」は、四人の宿禰の一人である紀角宿禰にゆかりの「肥前国基肄郡」であろう。『和名抄』の肥前国基肄郡に「基肄（木伊）」郷がある。

『肥前国風土記』基肄郡の条には「基肄之山」と見える。「筑後国風土記・逸文」には「この山の麁猛神の素行を改めさせるために甕依姫を祝と為して祭らしめた」とあって、この「甕依姫」を「卑弥呼」に当たるとしたのが古田武彦である。

同逸文の後段「其の死にし者を葬らむ為に、此の山の木を伐りて、棺輿を造作りき」はこれまであまり注目されてこなかったと思うが、これが『古語拾遺』の「造殿」と同様、「木」に関する伝承を示すことは明らかだろう。もちろん、「伐木」伝承は「抜箭」のメタファーであり、武内宿禰の先祖から蘇我氏に至る渡来系巫祝集団としての「ハヤシ」族がこの周辺を拠点としていたことを推測させる。

このように考えると、前述の「基肄之山」（現在の佐賀県三養基郡基山町の「基山」に比定）は、本来「木山」であり、「貴山」あるいは「忌山」とされていたのかもしれない。つまり「木」はリンガであり、「貴」いが故に「忌」まれたという外道信仰を背景に、同音・通意の「キ」音・字が充てられたものかもしれない。

あるいは、倭人が呉の太伯の後裔であるとの文脈からいえば、太伯の祖の周王朝が「姫」姓であり、漢音の「キ」が北馬系「木」氏の訓音「き」と習合したものとも考えられる。

なお「基」「貴」「忌」が「キ」音であるのに対し、『風土記』では「基肄」（キイ）と記されている。これは『続日本紀』元明天皇・和銅六年五月条の「畿内七道諸国郡郷名、着好字」令によるものではないだろう。「木（ki, キ）」は関西弁で「kii, キイ」の重母音で後の「i」音にアクセントをおいて発音することに関係するのかもしれない。あるいは先に古田が指摘した「貴倭」（kiwi）が「kii」に転訛したものか。そうだとすると、九州から近畿・紀伊に移住した渡来人が「kii」の音を持ち込んだか、先住の関西人に今来の九州からの移住民が同化された結果からなのかもしれないことを付言しておきたい。

5 「ハヤシ」族と木貴・物忌

「林」族の出自は、支那・朝鮮から天神（外道）信仰を持ち込んだというに止まるものではない。

『新撰姓氏録』の諸蕃中に「林」姓があり、その一つ「林連（左京諸蕃）」は「百済国人木貴公也」と書かれている。この「木貴（モッキ）」公とは『塵添壒嚢鈔』中に記された「物忌（モッキ）」、すなわちインド迦毘羅衛国の鬼王で、悪夢を払う古代外道神格に淵源する。[3] つまりインドの外道神が支那・百済の「木貴公」を経て、日本に渡来して「林」族の一員になるや、神道における「物忌（ものいみ）」巫女として定着することになるわけで、差し詰め「東洋のジプシー」といったところか。

あるいは物忌・鬼王が「吾名を門に立てれば他の鬼神より守護する」（『塵添壒嚢鈔』）としているのは「蘇民将来」と同じパターンであり、牛頭天王信仰とも通底することになる。

（註3）先に「シダラ神考」で少し古代インドの「aṭavi-pāla」（和訳で「林住族‐軍、曠野鬼神」）について記した（『外道まんだら』第六章）。彼等は古代インドにおいてアーリア人に征服された先住民で、アーリア人とは異教・異習俗の外道信仰を保守し、アーリア人に占拠された周囲の林間に居住したことから「林住族」とも呼ばれた。宮坂宥勝は、この「林住族」を賤民の一種としている。

なお古代インドでは、バラモン階級は人生を四住期（学生期、家長期、林住期、遊行〔遍歴〕期）に四分する世界観を有しており、「林住期」には「林住族」の観念・信仰が混入していることが想到されよう。

6 「木」と「鳥」

「蛣蛉考」等で述べてきたように、外道信仰学の公理の一つとして「切られる男」と「切る女」は対関係にある。そして「切られる男」は「木」に、「切る女」は「鳥」に擬される。*

＊これは古今伝授の奥義である「三木三鳥」に連なる。第五章「割礼考」を参照。
その上で『肥前国風土記』の基肄郡、および「筑紫国風土記」逸文に見える「基肄之山」の基肄が現・佐賀県三養基郡基山町のあたりに比定されるとすれば、その周辺に「切る女」（甕依姫？）に擬される「鳥」がいることになろう。

果たして基山町の南隣に鳥栖市がある。『肥前国風土記』養父郡鳥樔郷の条に「昔者、軽嶋の明の宮に御宇しめしし譽田の天皇のみ世、鳥屋を此の郷に造り、雑の鳥を取り聚めて、養ひ馴づけて朝庭に貢上りき。因りて鳥屋の郷といひき。後の人、改めて鳥樔の郷といふ」とあり、『和名抄』に「鳥栖」として「止須」と読ませている。あるいは『肥前国風土記』基肄郡姫社郷の条に記載される「女神」（現・鳥栖市基里町姫方に姫古曽神社）とも関連するかもしれない。

前記の地域において「木」と「鳥」をセットとする伝承の痕跡を見出すことはもはや困難かもしれないが、差し当たりは基山の山頂に鎮座する磐座（通称「タマタマ石」と呼ばれ、式内社・荒穂神社のご神体でもあった）が外道信仰学でいう「抜箭石」に相当すると指摘しておこう。

ところで「木」と「鳥」に関連する伝承として、「百螺山鳳閣寺」の由来がある。現・奈良県吉野郡黒滝村「鳥住」、百貝山の中腹に位置する百螺山鳳閣寺は、寛平七年（895）、聖宝（理源大師）が金峰山（吉野）の行場を開発・再興する拠点として当地に真言院を興したことが、その濫觴とされる（「聖宝僧正伝」）。すなわち、修験道の祖とされる役小角が山林抖擻の徒として葛城・吉野など霊山を跋渉する中で、白雉四年（６５３）に吉野（金峰山）から大峰（山上ケ岳）への行場を切り拓いた後、永らく途絶していたものを聖宝が再興することになったものである。

この吉野から大峰を経て熊野に至るルートは、後に真言宗醍醐派（当山派）によって「逆峰」と呼ばれ、天台宗の増誉（１０３２〜１１１６）が熊野から大峰を経て吉野に至る先達を勤めた聖護院系の本山派による「順峰」と並んで、大峰修験の根本霊場となったところである。

さて聖宝によって再興されたルートの、吉野（金峰山）から大峰に向かう謂わば「とば（「鳥羽」か？）口」に当たるところにあるのが百貝山である。役小角の没後およそ二百年、大峰修験霊場では法道が衰微し毒竜が道を塞ぎ、修験者も途絶していたのを、清和天皇の勅命を受けて聖宝が吉野から大峰・熊野に通じる逆峰修行の先鞭をつけた。その際、この百貝山で毒竜降伏がおこなわれ、そこに建てられたのが鳳閣寺だったのである。

「むかし、金峰山の阿古の滝に大蛇が棲み、大峰行者に危害を加えた。聖宝理源大師は勅命を受けて、この大蛇を退治するため、鳥栖山に登った。当時奈良にいた勇武のきこえ高い先達、箱屋勘兵衛を供につれて先ず、ホラガ淵でみそぎをなし、鳥栖山に登ってホラ貝を吹きならした。その音は、百のホラ貝を吹き鳴らすように山々に響いたので、鳥栖山を、百螺山と呼ぶようになった。阿古滝の大蛇は、この響きにさそわれてこの山に向かってきたので、大師は法力をもって呪縛し、勘兵衛は大鉞をふるって大蛇を斬りつけた。それ以後、大峰の行者道は再びひらかれた。（後略）」と、郷土史家で歌人の前登志夫が当地の口碑を拾っている（『黒瀧村史』）。この時、聖宝に供奉した箱屋勘兵衛は、後に「餅飯（もちい）殿」と呼ばれ、今も奈良市内に町名を留めている。

このように百のホラ貝に因んで百螺山と呼ぶようになったのが、地名（山名）と鳳閣寺山号の由来とされる。

ところで寺院の名に冠する山号と寺院名である寺号との関係についていうならば、土着・先住の旧い信仰象徴（トーテム）を山号で表わす一方、そうした旧信仰体を調伏し祀り取った仏教側が建立した寺院名を寺号で表わすことになる。

すなわち、ここでは百螺山（鳥栖山）で表わされる信仰体が先に存し、それが鳳閣寺に取って替わられたことを意味する。ちょうど伝承にもあるように、毒竜（大蛇）＝旧信仰体が法螺貝（修験仏教）に征服されたわけである。

こじつけととられるかもしれないが、この原理は毒竜（大蛇）が鳳（凰鳥）に喰われるという関係構図にある。そうであるからこそ修験の祖である役行者は孔雀明王経*を駆使して毒蛇を退治したとされたのではないか。

*孔雀王明（梵語「Mahāmāyūrī」）は「仏母大孔雀明王」とも言われ、仏母とあるのは原語が女性名詞であることによる。毒蛇を食する孔雀を神格化したもの（『岩波仏教辞典』を参照）。

ただし、古い伝承になればなるほど、いつの間にか主客転倒と混同が起こるのは避けえないところである。百螺山が元・鳥栖山と呼ばれ、現在も鳳閣寺いったいの地名が「鳥住」として残っているのは、ここに仏教渡来以前の信仰を保守していた古代巫女（鳥に擬せられる）が居たことの名残りとみることもできるのではないか。さらにいえば、法螺貝の形状には蛇のとぐろイメージを重ねることもできるだろう。なお聖宝には東大寺・東南院での修行時代に、妖鬼を呪縛して祟りを封じたとの伝承も残っている。この妖鬼は大蛇とも解されている。

◎第五章
割礼考

1　はじめに

『旧約聖書』には神ヤハウェとアブラハムとの約束（ベリトミラフ）に基づくものとして、アブラハムの庶子イシュマエルと嫡男イサクへの「割礼」の場面がある。これについては、選ばれたユダヤの民の印として民族の永続性を願ってとの信仰背景がある、と一般的には説明されている。

しかし一方で、それはもともとエジプトで風習としておこなわれていたものを、モーゼが領内のユダヤの民を率いて出エジプト後にユダヤの民に適用したことに歴史的起源があるとする見方もある。さらに言うならば、モーセが定めた律法で「去勢者」が忌むべきものとされたことの背景に、古代エジプトから中近東にかけて「抜箭」が忌避されていたこと、そして「抜箭」の代償として「割礼」の風習があったことを幻視させるものである。

あるいはフロイト流にいえば、「割礼」は心理学的には「原父の刻印」に当たろう。またイスラム教でも義務付けられることから、一神教との関連も指摘できよう。

キリスト教ではその普及・拡散の過程で「割礼」は厳格に適用されることがなくなったようであるが、近代以降の欧米人においては主として衛生学上の観点から広く実施されていたようである。が、近年では「個人の尊厳」とやらで強制的ではなくなってきている。

さて日本ではどうかというと、そうした風習は古来からなかったとする見解が一般的のようである。が、中丸薫は『明治天皇の孫が語る闇の世界とユダヤ』(一九九八年・刊)において、明治以降昭和まで、皇室の皇子はすべて割礼をうけている、と記している。これは明治維新以降の近代化の中で衛生学上の見地で欧米から持ち込まれたもので、所謂「日猶同祖論」の根拠とされるようなものではない。

同書で筆者が興味を曳かれたのは、赤坂の迎賓館には「エジプトの間」と呼ばれる「秘密の間」があり、そこにはカゴメ紋(ダビデの星)が天井や壁、玉座など、あちこちに刻まれているというくだりである。このことは筆者には、ユダヤ教の淵源としてモーセの背後に、さらにエジプトの文化風土が相応に関わりを持っていることを告げるものであった。

さて、それでは日本には「割礼」の風習は古来からなかったかというと、前にも少し触れたが「割礼」が抜箭の擬きであったことから、当然「割礼」の風習はあった、と筆者は考える。

ただし日本文化の特質ともいうべき「隠蔽化」「象徴化」の過程で、「割礼」の存在を明証することは著しく困難になっている。終には「風化」の果てに原初の意味が忘失され、意味不明の「痕跡」として民芸・神事等の方面に残っているのが現状であるといえよう。以下は、その痕跡探しの試みである。

2　長柄橋の人柱伝説

日本において「割礼」の風習が存在したか否かを確かめる作業に入る前に、人口に膾炙した「長柄橋の人柱伝説」について取り上げたい。

それは人柱となった巌氏長者の菩提寺とされる大願寺（現・大阪市淀川区東三国）に伝わる『人柱縁起』（元禄年間・1688〜1703）によると、以下のようなものである。

〈推古天皇二十一年の頃、吹田・垂水の住人、巌氏長者（別名・蘇我大夫）は長柄橋が流失して人々が難渋しているのを聴き、橋の完成のため自ら石櫃に入り、生きたまま橋脚の穴底

深く埋められたことによって堅牢な長柄橋が架けられた。〉

また安居院聖覚『神道集』（延文三年頃・１３５８）には、以下のように伝えている。

〈昔、長柄橋を架設するとき、工事がなかなか進捗しなかった。橋奉行らが困窮していると
ころに妻と幼な児を連れた男がちょうど通りかかりった。そして「袴の綻びを白い布で繕っ
た者を人柱にすればよい」と呟いた。橋奉行らが驚いてその男を見ると、男の袴がまさに
そうだったのでたちまち取り押さえられ、そのまま人柱にされてしまった。悲しんだ妻は、
「ものいへば父はながらの橋柱鳴かずば雉子もとられざらまし」と詠んで、夫の後を追って
川中に身を投じた。〉

＊この由来譚と歌には、ほかに異説がある。

これらが複合して、その後の近世の出版物*に見られるような悲劇的色彩の濃い伝説内容と
なったものである。

＊『蘆分船』大願寺の項、『摂津名所図会』豊島郡・雉子畷の項など。

さて、自己犠牲を核とする「外道信仰」をテーマとする本稿にとって「長柄橋の人柱伝
説」は恰好の考察対象といえるが、この人柱伝説のキーワードが「巌」と「継ぎ袴」である
ことは慧眼な読者にはもうお判りのことであろう。

「巖」は記紀神話の石長比賣（古事記）・磐長姫（日本書紀）にみられるように、その醜性

故に「石女（うまずめ）」として永遠性を象徴するものであること。合わせて、「石女」が俗世において妬み深いとされるのは、古代においては最も切実であった「子を生す」ことから遠かったことによる。

＊巌（岩）については『外道まんだら』第七章「外道の源流」の補記3を参照。

因みに仁徳天皇の大后、石之日賣命（記）・磐之媛命（紀）が妬み深い性格として描かれているのも、そうした外道信仰が含意されていることによる。

なお正史では仁徳天皇は大后との間に四男をもうけたとされるが、私見ではこれは系図上の作為ではないかとも思う。なぜなら記紀ともに仁徳天皇の大后の御名代として葛城部を定めており、大后には子がなかったかもしれないからである。

次に「継ぎ袴」であるが、これはグラフト（接ぎ木）化による（疑似）永遠性を象徴したものである。また「継ぎ袴」には醜性も含意されている（仏教では、これを「糞掃衣」と呼ぶ）。

さらに「長柄橋」という橋の名前そのものが、これは筆者が従前から「枕詞」について指摘してきたことと同様、外来語と和語とからなる重畳語なのである。

つまり釈迦入滅の地とされる「クシナガラ」（「kuśa-nagara」もしくは「kuśi-nagara」）。いずれも梵語及びパーリ語）は「茅草城」と訳される「malla」族の都城であるが、このうち「kuśa」（クサ）は文字通り「草」（「kuśi」は「kuśa」の音便転訛）の意であり、「nāgara」（ナガラ）は「nāga」（ナーガは「竜」「象」の意から転じて「長い」「高い」）と「-ra」（「ラ」は『梵和大辞典』には形容詞「産出する」とあるが、同義としてここでは「構築する」とする）との合成語である。従って「nāgara」とは「長い」もしくは「高い」構築物を意味しよう。具体的には「城」や「橋」などを指す。

ということは「ナガラ（長柄）」自体が「橋」の意でもある。故に「長柄橋」とは、ここでも外来（梵）語と和語との重畳語である、と解することができよう。もちろん梵語「nāga」（ナーガ）自体が和語「なが（長）・い」（「い」は形容助詞）と同化してしまっており、少なくとも和語の古層の一部は梵語に淵源するとみなされそうである。

3　数寄者同士のオタカラ交換

さて本題に入ろう。『摂津名所図会』巻之三、「長柄渡口」の題名が付いた図をご覧いただきたい。このうち左のエトキには次のとおり。

行く春やむかしながらの橋の跡

斑竹

『袋草紙』云く

加久夜長刀帯（かくやたてわき）節信（ときのぶ）は数寄者（すきしゃ）なり。始めて能因法師に逢ふて相互ひに感あり。能因が云く、今日見参の引出物に見すべき物侍るとて、懐中より錦の小袋を取り出だす。その中に鉋屑（かんなくず）一筋あり、示して云く、これはこれ吾が重宝なり。長柄の橋造の時の鉋屑なりといふ。時に節信喜悦甚しうして、また懐中より紙に嚢（つつ）める物を取り出せり。見るに乾（ひから）びたる蛙（かはづ）なり。これは井（ゐ）堤（で）の蛙に侍るとて共に感嘆して各これを懐にして退散すと云々。今の

「長柄渡口」（出典：『摂津名所図会』）

世の人、嗚呼（をこ）と称す可きか

これは何を意味しているのであろうか。

エトキとは前後が逆になるが、まずは節信が持参した「乾れたる蛙」から。これは「井堤（ゐで）の蛙」ともあるように、先に『外道まんだら』第三章「河童考」で少し触れた橘諸兄の別業のあった現・京都府綴喜郡井手町を流れる井手川の蛙のことで、そこの蛙は美声で鳴くと古歌に詠まれたのに因んでのものである。それにとどまらず贈答相手の能因法師は橘諸兄の後裔であること。さらには「蛙」はぐにゃぐにゃした「不男」の象徴であり、かつ「美声」であるのはカストラータ（キリスト教会の合唱隊で高音域を維持するために去勢された少年）を比喩するものである。であるが故に法師（本来の義は不男）である能因にとっては自己の信仰の核心を象徴する「井堤（ゐで）の蛙」を贈られて喜んだのであり、そうした信仰背景を知る節信を袋草紙の作者は数寄者と見たのである。

一方、能因が持参した「長柄橋の鉋屑」とは何かといえば、これが本題に関係することはもう読者にも推察されることであろう。シモネタばかりで困惑顔の読者には恐縮であるが、この「鉋屑」こそ「割礼」の擬きなのである。しかも人柱伝説に因む「長柄橋」の鉋屑なのである。さらに、「長柄橋」とは「長いリンガ」のメタファーであることを想うならば、「割礼」が「抜箭」の擬きであることが理解されよう。

この数寄者同士のオタカラ交換の場面、筆者はさすが橘流・島田麻呂（河童伝承の祖に位置する）の後裔である能因の方に軍配を挙げたい。因みに、長刀帯節信は藤原氏の流とされる。

4　割礼の暗喩としての「めどに削り花」

「ゲスな連想ゲームばかり」とご立腹の御方には、最も高尚な古今伝授の奥義「三木三鳥*」についてちょっとだけ触れておこう。

＊第四章「「木と林」について」の6を参照。

因みに「古今伝授*」はもちろんのこと、「三木三鳥」の意味することさえ近世中期以降は不明になってしまったと筆者は理解しているが、「御所伝授」流の本質が現皇室に伝わっているかどうかは寡聞にして知らないが、新年の「歌会始め」として形式のみは存続していると考えている。

＊補記1「古今伝授とは何か」を参照。

さて「三木三鳥」についてであるが、それぞれが何を指すかについては諸説があり、一定しない。が、一般的なところでは、三木には「めどに削り花」「おがたまの木」「河菜草」を、三鳥には「呼子鳥」「稲負鳥」「百千鳥」をあてる、とするのが代表的なところであろう。これを本稿に引き寄せて考えるならば、三木の一つ「めどに削り花」を割礼の擬きではないかとすることは容易に察しがつくのではなかろうか。しかし歌学研究の世界では「めどに削り花」とは何かは未だに明らかでないようである。

「古今伝授」といえば、東常縁から宗祇への悉皆伝授がポピュラーであるが、東常縁流の前提をなすのが、常光院流（尭尋、尭孝など）の『切紙十二通』である。その「三ケノ大事」中の「めどにけづり花の事」の項には「めどとは、妻戸の事也。種々の花をけづりて妻戸にかざしさす也。口伝云、著と云草也。又曰、右近馬場の日をりの日、まゆみの手継のかざしにさす花ともいへり。」とあり、「重之大事」中には「御賀玉木　内侍所」「賀和嫁　宝剣」「妻戸にけづり花　神璽」とあることによって、前記の所謂「三木」は「三種の神器」の譬えと解されている。なお『切紙の上口伝』には極めたる口伝として、「めどは陰形、けづり花は陽形」に比す意を述べる（三輪正胤『歌学秘伝の研究』『歌学秘伝史の研究』等を参照）。

この頃（室町時代）にはもう古今伝授の真の内容（本質）は曖昧になりつつあったと筆者

には見えるが、それでも「めどは陰形、けづり花は陽形」の記述には、微かに外道信仰の痕跡がうかがわれる。つまり「けづり花は陽形」に比す、の意であることからすれば、「けづり花」とは「割礼」した包皮の擬きをイメージする、もう一歩のところまで表現されている、と筆者には思えるのである。

5　割礼のバリエイションの今日的残存

ところが、ここから先、古今伝授は迷路に嵌まり込んでしまう。そしてもはや切紙ビジネス以上のものではなくなってしまうのである。(1)むしろ神事や民間伝承、あるいは民芸品の世界にその生き生きとした形象が見られる、と筆者は考える。ここではそれらの一端を紹介しよう。

①祭具としての幣帛など

神に祈るときに捧げるものを、神道では「大麻(おおぬさ)」「御幣(ごへい)」「幣(みてぐら)」「幣帛(へいはく)」「紙垂(しで)」「注連縄(しめなわ)」等の名称で呼んでいる。これらが

「割礼」の擬きであることは、その外観から容易にイメージされよう。このうち「紙垂」と「注連縄」は後世になって、よりデフォルメ、変形化されたものである。つまり元々は「包皮」から「大麻」をへて「幣帛」「紙垂」への変遷を示すものである。なお、「幣（ぬさ）」が「割礼」の擬きであることは指摘済み。*

＊『外道まんだら』第二章「氷蔵信仰から見た「神道」」を参照。

ところで「おおぬさ」の文献上の初見は『古事記』仲哀天皇条に見える。すなわち仲哀天皇の急死の場面に続いて「尓して爾に驚き懼ぢて、殯宮に坐せて、更に国の大奴佐を取りて奴佐の二字には音を以ゐよ、生剝、逆剝、阿離、溝埋、屎戸、上通下通婚、馬婚、牛婚、鶏婚、犬婚の罪の類を種々求ぎて、国の大祓を為て（後略）」とある。

この「おおぬさ」に神道で「大麻」の文字が当てられていることは意味深長である。伊勢神宮のお札も「大麻」と記されている。つまり「天満天神」の本質が「（第六）天魔（王）」であると先に指摘したように、筆者はこの「大麻」も「大（六天）麻（王）」を含意していると考える。伊勢の地が第六天魔王より天照大神に譲与されたとする『神道集』等の記述は、外道信仰が背景となっていることを物語るものであろう。

②小正月の飾り物「削り掛け」

木の枝を薄く削って、先を渦状に残した「削り掛け」は小正月の飾り物として神仏に供えられる。これについては多くの民俗学者や民俗学辞典等による説明がある。図を参照していただければ直ちに納得のいくところであろうが、代表的な説明例として鈴木棠三『日本年中行事辞典』から一部を拾い出してみる。

削掛　古風な幣の一種。白膠木などの木を削って、そいだ薄い部分を縮らせたり反らせたりして花の形を作る物。／紙の入手が困難であった時代に幣として用いられたもので、アイヌ人はイナウまたはイオオと呼び／削掛を鹿児島県や長野県で削花といい、または単にハナという地方もあるが、中古、朝廷でも木の造り花を削花といった。『図書寮式』によれば、十二月の御仏名の際に左右近衛から菊の削花二枚が奉られ、これを金銅の花瓶二口にさして飾った。／削掛を用いる時期は小正月が主で、所によって大正月にも作るのは、望の正月を元日正月に引き直した例である。小正月はわが国の古制の正月であったから、その時期には古風な幣を使うことを忘れなかったもので／一方

削掛（出典：（財）民俗学研究所編『民俗学辞典』）

に紙の幣が比較的自由に使用できるようになるのと相まって、削掛を特殊な作り物と考えるようになったのは当然で、それに伴い、削掛の意義や用途などに多様な変化が生まれた。／全体としては幣としての意味が薄らぎ、祝棒の要素が強まって来たのが大体の傾向であるらしい。／このように代用品によって置き換えられたのは、削掛の衰滅の一面であるが、穂垂から繭玉などの餅花に変化したのも、発展の如くして、削掛自体から見ればやはり衰退への経過であった。

③「鷽（うそ）替え」神事

「鷽（うそ）替え」とh太宰府天満宮（福岡県）を中心に行われている神事で、ウソとはスズメ科の小鳥のことである。一月七日に参詣者が木製の鷽を交換し合い、神社から出された金の鷽と取り換えた人が祝福を受ける。木製の鷽の図像を見れば何の擬きであるかは一目瞭然であろう。

太宰府天満宮の「鷽（うそ）」（出典：宗教民俗研究所編『ニッポン神さま図鑑』）

④茶筌

江戸後期の写本『茶筌之一件』に「茶筌の形の事」として「木ハ白箸を常より少ふとくしてけつるへし、杉にてもけつり候へ共、杉ハ木心さくく候故、白箸よし、右けつりかけの箸は上代茶筌未出来不申時、是を用るなり、仏神点茶の茶筌也」とし、箸の上部を削りかけにした図をのせている。註して「此あたりゟ（より）上へ花鰹をけつる如く巻ちぢませてけつりかけたる物也」とある（熊倉功夫『茶の湯』）。

⑤花鰹

前項「茶筌」にもあるかつおの削り節「花鰹」はまさしく「削り花」の擬きである。

⑥焼き麩

日本料理が出たついでに。吸い物の具材に用いられる薄い円筒形の「焼き麩」も割礼包皮の擬きである。

⑦一刀彫り「お鷹ぽっぽ」

山形県米沢市内の笹野観音がある地で千数百年前から受け継がれてきた笹野一刀彫りは郷土玩具として有名である。「木」と「鳥」（切られる男と切る女）を融合・合体さ

笹野一刀彫「お鷹ぽっぽ」

せたもので、最大の特徴が見事な尾羽（これこそ割礼・包皮の擬きである）にある。

（註1）ここでは古今伝授のための「切り紙」をフェティッシュな揶揄として商品化している切り紙ビジネスについて、取り上げることは控える。代わりに、古今伝授が中世の日本社会でどのように受け取められていたかを示す著名な挿話を二つ紹介しよう。

一つは、東常縁が美濃国郡上で宗祇に第二回目の古今伝授をおこなった文明三年（1471）の三年前、応仁二年（1468）のことである。東常縁の兄・氏数の所領・美濃国山田庄の篠脇城が齋藤妙椿に奪われた。

京都の常縁は、浜春利を介して妙椿に和歌を託した。

わが世経んしるべと今もたのむかな美濃の小山の松の千歳を

これに対し、妙椿は

言の葉に君が心はみずぐきの行末とおらば跡は違わじ

と返歌して、篠脇城を返すことに同意した。

時の将軍・足利義政の耳にもその遣り取りが達して、篠脇城の返還が実現した。

その二つは、慶長五年（1600）、関ケ原の戦いで石田三成に与した豪族が丹後田辺城を包囲したときのことである。城主・細川幽斎が宗祇から三条西家に伝わった「御所伝授」を引き継いでいたことから、このままでは御所伝授が絶えてしまうとして「速やかに囲みを解くべし」との後陽成天皇の勅諚が下り、包城が解かれた。

補記1　古今伝授とは何か

古今伝授について『広辞苑』は、「古今和歌集の語句の解釈に関する秘説などを特定の人に伝授すること」としているが、これでは何のことか判らない。その判らなさこそが、古今伝授の価値（＝権威）を高からしめているところではあろうが（能における「秘すれば花」に通じる）、その本質を理解しない限りは時々の思潮に合った恣意的な多くの解釈を流布させるばかりであろう。

私見では、古今伝授の根底には外道信仰が核として存在すると考えている。

これを歴史の文脈に置いてみるならば、九州に政権の中心を置いた倭国から、大和なる日本国への転換があり、さらに京都を億載の宮とする平安時代へと移行する中で文化の国風化が進んだことがある。

そうした中で、歌謡（文学）の世界においても、かつての「倭国万葉集」が換骨奪胎され、現行『万葉集』として改竄・成立する（筆者は原「万葉集」を「倭国万葉集」、現行『万葉集』を「日本国改訂版　万葉集」と仮に命名している）。さらに日本国で最初の勅撰和歌集が醍醐天皇の命により、紀貫之（仮名序）・紀友則・凡河内躬恒、壬生忠岑を選者として、延喜五年（９０５）に成立する（『古今和歌集』）。

現行『万葉集』と『古今和歌集』とは部類分けなど様々な相違があることを多くの国文学者らが指摘しているが、その背景に倭国から日本国への歴史的断層*をみない解釈は、時々の時流に流されたものでしかない。

*その歴史的断層に迫った論考としては、管見の限りでは室伏志畔「やまと歌の南船北馬」（『日本人教育の条件』所収）の他にない。

選者の中心であった紀貫之にとって、倭歌・万葉集から和歌・古今集への移行には深刻な葛藤があったように推察される。が、筆者は歴史的断層とは別に、紀氏一族*が外道信仰の担い手でもあったことに、より深い関心を寄せるものである。

*本書「第四章「木と林」について」を参照。

つまり、『古今和歌集』の語句と歌意には、倭国から日本国への歴史的断層ばかりでなく、紀貫之によって外道信仰をそれとなく仄めかす解釈の余地が残された、と見られることである。それが後世の歌人をして、『古今和歌集』の語句と歌意を巡っての秘説「古今伝授」をもたらす背景となったと考える。

◎第六章

不実考

1　はじめに

「不実」とはここでは「実らず」の意で、「花咲かず」「種あらず」などを含む「生産に至らない植物」の在り様を指して、筆者が仮に規定してみた外道信仰用語である。

2　万葉集における「玉葛」

万葉歌群には「玉葛」（玉のように美しい葛＝つる草）を枕詞とする歌が数首収載されている。例えば、

①「つる」は長く遠くへ延びることから、

……玉葛　いや遠長く　祖の名も　継ぎゆくものと　母父に妻に子どもに　語らひて……　（巻三）

②「つる」は細いながら絶えず長く続くことから、

玉葛絶えぬものからさ寝らくは年のわたりにただ一夜のみ　（巻十）

谷せばみ峰に延びたる玉葛絶えむの心吾が思はなくに　（巻十四）

③「つる草」を頭にかけて長寿を寿ぐことから、

玉葛かけぬ時なく恋ふれども何しか妹に逢ふ時もなき　（巻十二）

④その「懸け」が「影」に転じて、

人はよし思ひやむとも玉葛影に見えつつ忘らえぬかも　（巻三）

と「懸ける」に掛かる。

と読まれたりしている。*

*片桐洋一『歌枕　歌ことば辞典　増補版』を参照。

さらに「玉葛」に、⑤「実ならず」を織り込んだ次のような相聞（巻二）、もある。

大伴宿禰、巨勢郎女を娉（つまど）ふ時の歌一首

玉葛実ならぬ樹にはちはやぶる神そ着くとふならぬ樹ごとに

巨勢郎女、報へて贈る歌一首

玉葛花のみ咲きてならずあるは誰が戀にあらめ我は戀ひ思ふを

歌意は「玉葛の（雄木には花しか咲かず実は成らないが）雌木には実まで成るというのに、貴女という人には実は成らずに神がとりつくといいます」。歌の贈り手は大伴安麿。父は大伴長徳で、安麿の子が大伴旅人である。

安麿は壬申の乱で天武方についた人物。一方、歌を贈られた巨勢郎女の父である巨瀬人は近江方についていて、二人は叶わぬ恋であることが、歌の背景にある。

この相聞歌では「玉葛」にその形状の特徴である「つる巻き」の意も込められており、それは絡まりあう男女の性愛を連想させるのであるが、「実ならぬ樹」と継がれることによって、逆にその恋情が実らぬ切なさを指し示している。

ところで「実ならぬ樹」に何故「ちはやぶる神そ（ぞ）着くとふ」と歌われたのか、古来から国文学者の間では謎であった。

藤村由加『枕詞　千年の謎』では、葛は漢字で藟（ルイ）などと表記されること、そして「ちはやぶる神」とは雷（稲妻）と雷（雷鳴）のことであり、畾（雷）が木にとりついた字形「櫐（ルイ）」と、前記のかづらの漢字表記「藟」とは同音であることを明らかにしている。すなわち「葛」は「ちはやぶる神」と同義であると。

「葛」については先に私見を述べたが、問題は、「ちはやぶる神」（雷）に何故「実ならぬ樹」の意味があるのかということである。

3　零落した「実ならぬ樹」

ここで筆者は、木が登場する古典作品のことに思い至った。『今昔物語』巻二十第三の「天狗、仏と現じて木末に坐せる話」と、『宇治拾遺物語』巻二第十四の「柿木に仏現ずる事」である。両話が取り上げているのは、延喜（醍醐天皇）の時代に京都五条の天神（道祖神）の辺りにあった「実ならぬ柿の木」の話である。

〈ある日、その柿の木の上に仏が現われ、金色に光り輝き花など降らすなどして評判になっていた。そのことに不審を覚えた才人の西三条右大臣が見物に行き、じっと見据えていた。〉すると、その仏は耐えきれずに羽の折れた屎鵄（くそとび）となって土に落ち童部共に打ち殺された、というのである。

この話は、かつて神威を現わすものとして崇敬の対象であった「実ならぬ樹」が、平安前期には屎鵄が止まるまでに零落したものになったことを物語っている。

因みに西三条右大臣とは、仁明天皇（在位833~850）の皇子で臣籍降下した源朝臣光のことを指す。源光は百済系の血を曳く桓武天皇の孫である仁明天皇と百済王豊俊の娘（『尊卑分脈』）との間の子である。

筆者はこのことから、この「実ならぬ柿の木」の話には今来の渡来人の血を曳く西三条右大臣・源光が、旧い信仰を保守した大伴氏や巨勢氏を退けたということが反映されているのではないかと考える(1)。


（註1）貞観八年（866）閏三月、応天門が何者かによって放火され焼け落ちた。時の大納言・伴善男*が左大臣・源信を犯人として告発したのであるが、逆に真犯人は伴善男一味であるとして断罪された。

*大伴氏は弘仁十四年（823）に即位した淳和天皇の諱（大伴親王）に触れるということで、伴氏に改姓している。旧・大伴氏族にとって大納言の地位は天平初年の大伴旅人以来であった。

4　実のない花

時代は下って室町中期。或る時、太田道灌が鷹狩りに出かけて山中で雨に遭い、蓑を借りようと小屋に入ると、若い女が何も言わず山吹の花一枝を差し出した。道灌は花を求めているのではないと怒って帰ってしまった。その顚末を伝え聴いた人が、それは

七重八重花は咲けども山吹のみの一つだになきぞ悲しき

という古歌（『後拾遺集』中務卿兼明親王の詠）を踏まえての意であると教え、道灌は己の無学を恥じたという逸話が残されている（『常山紀談』等）。筆者の子供の頃には学校で習った記憶があるから、年配の人はだれでも知っている歌だろう。

古歌の意は、「みの一つだになき」の「みの」が「実の」と「蓑」とを重意したものであるが、そこに外道信仰的解釈を加えれば、「みの一つだになき」の「実（み）」とは「玉丸」をも暗喩したものである。

なお八重山吹の花には実がないことを古代人は観察しており、『万葉集』巻十「花を詠め

る」二十首中に

花咲きて実はならねども長き日に思ほゆるかも山吹の花

とあって、先の『後拾遺集』兼明親王の和歌はその本歌取りでもある。

因みに『牧野和漢薬草大圖鑑』によれば、「ヤマブキ（ツワブキ、イワブキ）」の葉には強い抗菌作用があり、化膿などの皮膚炎に薬効があるとしていることは、抜「玉丸」に関わるものであろう。

5　成木責め

旧暦正月十五日（小正月）を中心に「成木責め」の行事がおこなわれる。[2] これは果樹の根もとを叩いて「実がなれ実なれ」と責めて豊産を約束させる木まじないの一種である。それが人に転じて中古、宮中では祝棒（粥棒）で女房の尻を打ったり、地方では近年まで「嫁叩き」がおこなわれて子宝を願ったものである。

これに使う棒の名はさまざまだが、対馬では「子孕み棒」「孕めん棒」と直截な表現としてある。
この棒は古くには「粥の木」「粥杖」「粥掻棒」などとも呼ばれ、「粥占い」に因むものと通説では解されている。が、粥は精液（sukka）の暗喩なのである。
例えば石川県能美郡などでは「成木責め」で鎌か斧で木肌に傷をつけて「なるかならぬか」の問答の後、切れ目に小豆粥[3]を塗るなどしている例があり、そこからも伺えよう。「成木責め」や「嫁叩き」に使う棒の形状についてであるが、「削り掛け」や「木の枝の皮を剥いで螺旋状のだんだら模様がついた物」（長崎県の属島）であったという。これは「割礼*」の擬きであろう。

*第五章「割礼考」を参照。

（註2）対象とする木としては、「成木責め」が別名「柿の木祭り」と呼ばれるように、柿の木が一般的であるが、梨の木や桃の木など「実の生る木」の全般に及ぶ。何故「柿の木」が主流であるかについては、火葬用に柿の木が使われなど神聖視・禁忌の対象であったことによるとの解釈があるが、定かではない。そうした意味でも前述した『今昔物語』や『宇治拾遺物語』に載録された「実ならぬ柿の木」との関連が筆者には気になるところであるが、今は指摘するにとどめる。

（註3）この「小豆粥」については、「小豆（女の月水）＋粥（男の精液）」の暗喩と解しえよう。というのも真言宗・立川流の奥儀（誓願房心定『受法用心集』）で、本尊の法界髑髏を作成するにあたっては男女交会の和合水を塗ると規定しているからである。この和合水は、男女の愛液が混ざったものであるから色彩は白濁色であるが、立川流の解釈では真言宗の胎蔵界（女性的原理）と金剛界（男性的原理）の両者を男女の身体に置き換えた上で、物質と精神との交合として「赤白二渧（赤は母の血、白は父の精）」の概念を*用意する。

*それについて筆者は、キリスト教における女性原理と男性原理との転倒した思弁とも通底していると考える。本書第七章「外道幻想の歴史性について」を参照。

つまり、「小豆粥」とは男女交会の和合水の象徴的概念である「赤白二渧」が投影されたものとしてある。それ故に、この小豆粥を果樹の切り目に塗りつけることで受胎（成実）がもたらされることを期待するのである。

6　先妻（こなみ）と後妻（うわなり）の関係

植物の実がならないことをテーマとする伝承は、実は人間にも子を生しえないものが存在することをダブルイメージさせるものでもある。第一章「抜箭天皇考」の補記4並びに第五章「割礼考」にも少し記したが、古代において共同体の長がその存続・維持を神に願って自らの長子（長男・長女）に子を生させなかったことと同様の思考が、女性との婚姻における「先妻」と「後妻」との関係にも類比的に適用されていたのではないか、と筆者は考える。

その一つの事例を、記紀の神武東征時における宇陀（菟田）での戦いにおける歌謡（来目歌）に見る。以下は『古事記』から。

宇陀能　多加紀爾　志藝和那波留　和賀麻都夜　志藝波佐夜良受　伊須久波斯　久治
良佐夜流　古那美賀　那許波佐婆　多知會婆能　微能那祁久哀　許紀志斐恵泥　宇波
那理賀　那許波佐婆　伊知佐加紀　微能意富祁久哀　許紀陀斐恵泥　疊疊（音引。）志

夜胡志夜　此者伊能碁布會（此五字以音。）阿阿（音引。）志夜胡志夜　此者嘲咲者也

この歌謡について、岩波古典文学大系本では次のように読み下している。

宇陀の　高城（たかき）に　鴫（しぎ）罠（わな）張る　我が待つや　鴫は障（さや）らず　いすくはし　くぢら障る　前妻（こなみ）が　肴（な）乞（こ）はさば　立柧棱（たちそば）の　實（み）の無（な）けくを　こきしひゑね　後妻（うわなり）が　肴乞はさば　柃（いちさかき）　實の多けくを　こきだひゑね　ええ［音引け。］しやごしや　此は伊能碁布會（いのごふぞ）［此の五字は音を以ゐよ。］　ああ［音引け。］しやごしや　此は嘲咲（あざわら）ふぞ。

歌謡の大意を、岩波古典文学大系本『日本書紀』の頭注では次のように記す（一部は筆者が［　］で補訂）。

菟田の高城に鴫をとる羂を張って、俺が待っていると、鴫は懸からず、くじら［鳥の一種］が懸かった。古女房が獲物を呉れと言ったら、痩せたソバの木のような、中身の無い所を、うんと削ってやれ。可愛い若女房が獲物を呉れと言ったら、柃のような、中身

の多い所を、うんと削ってやれ。

この歌謡の、「前妻には食べ物である獲物を少ししか与えず、後妻には多く与えよう」と対比的に記された件について、前妻には子が生まれない、後妻には子が生まれることが含意されているのではないかと、如何にも通俗的に解釈されてしまいそうである。

が、この歌謡（来目歌）は本来、大伴佐伯氏に伝えられた古式の久米舞に伴って歌われたものであり、大嘗祭などでも奏されたことから、古代における前妻と後妻との関係観念を背後に負っている、と見るべきではないか。『和名類聚抄』（承平年間［９３１〜９３８］、源順の編纂）にも「前妻〈和名毛止豆女〉一云〈古奈美〉」と記す一方、「後妻、必悪前妻之子、和名宇波奈利」と記している。

このことから歌謡に見られる前妻と後妻に対する扱いの差は単に両者の年齢の違いによる生殖能力の有無という意味合いからではなく、共同体の長が嫡子である長男に子を生させなかったのと同様に、長の最初の妻（前妻）は本源的には神妻なのだから自ら子は生しえないという古代信仰に淵源するものと、考えられるのではないか。

このことから筆者は「前妻（こなみ）」は「子無み」に解し得ると考えるのである。

7 「初穂」について

その年に初めて稔った稲の穂を「初穂」といい、神道では収穫感謝と豊穣祈願として神に捧げられる。つまり神に捧げられる初穂自体は翌年の播種が想定されておらず、植物としての継続性が否定されているのである。

大嘗祭ではかつて童女が斎田の稲の穂先を抜く「抜穂」の儀礼がおこなわれていた。その行為が神を喜ばせ、嘉しめ給うたのである。

フレーザーの『金枝篇』にも、初収穫の奉納物に対するタブーが多く記されている。

これらの初穂にまつわる儀式、タブーからは直ちに、『旧約聖書』創世記で、父アブラハムが神から試されて初子イサク(嫡男としての初子)を燔祭の子羊として手にかけようとしたこと(つまり子孫の根絶やし)が連想される。

8　聖書に見る「不実」考

聖書に触れたところで、本稿「不実考」に関わると思われる記述を拾ってみよう。

最もポピュラーなところでは、『新約聖書』ヨハネ伝の「一粒の麦もし地に落ちて死なずば、ただ一つにてあらん。死なば多くの実を結ぶべし」であろう。

また『旧約聖書』出エジプト記には、有名な過越祭の記述がある。エジプト脱出にあたって、主がモーセとアロンに告げていうには、正月十四日の夕方から二十一日の夕方まで「種（酵母＝イースト菌）入れぬパン」を食べなければならない。「種を入れたパン」を食べる人はみなイスラエルから断たれるであろう、と。

『新約聖書』でイエスの最後の晩餐として描かれる場面が、この除酵祭（過越祭）の第一日目の夕方であることは意味深長である。

さらに『新約聖書』の福音書には以下のような記述がある。

まずマタイ伝から。都（エルサレム）を出てベタニヤに行ったイエス一行が布教を終えて、翌朝、都に帰ろうとする時、イエスは空腹を覚える。道傍に一本のいちじくの木があるのを見て近づいたが、葉のほかには何も見当たらなかった。そこでイエスが「今から後いつまでも、おまえには実がならないように」と言うと、そのいちじくの木はたちまち枯れた。

マルコ伝もほぼ同様の内容である。

一方、ルカ伝には、譬え話として次のような件りがある。

ある人がぶどう園にいちじくの木を植えておいたので、実を捜しにきたが見つからなかった。そこで園丁に言った。「私は三年間も実を求めて、このいちじくの木のところにきたのだが、いまだに見当たらない。その木を切り倒してしまえ。なんのために土地をむだにふさがせておくのか」と。すると、園丁は答えて「ご主人様、今年もそのままにしておいてください。そのまわりを掘って肥料をやってみますから。それで来年実がなりましたら結構です。もしそれでもだめなら切り倒してください」と。

以上の引用から、それまで聖人風だったイエスがはじめて人間らしい感情で、呪詛するような苛烈な言葉を吐いているのは何故だろう。ここにはイエスの願い（神の国の到来）が成就しないことへの焦燥が語られているようでもある。つまり、イエスがゴルゴダの丘で処刑された後に神の国の到来が成就するのだという逆説を（それが外道信仰！）、イエスがまだ真に理解していなかったことを示しているようにもとれる。

さて、「いちじく（無花果）」は雌雄異花であるが、古代人の観察では「花を咲かせずに実をつける」（実際には同一の花嚢内に雌雄両方の花をつけ、イチジクコバチが受粉を媒介する）ことや、その実を真中から裂いた形状が女陰を連想させ、その中に「多くの種を有する」ことから、古代においては豊穣のシンボルともみられていたわけである。イエスがいちじくを否定する聖書のこの挿話には、後のキリスト教一神教による男（父）権制からの大地母神信仰の否定を、あるいは聖書記述者の古代外道信仰に対する認識の混乱を読み取ることができよう。

9　結語

では、かつて「実ならぬ樹」が信仰上、神として人々の尊崇を得たのは何故かが改めて問われねばならない。その答えは、共同体の長として仮託された神自身が自らを犠牲にして子種を断つことによって、共同体の豊饒を祈ったが故のことである、というのが筆者の考えである。*

＊「不実」については、真喜志きさ子による「芭蕉」をテーマとした優れた論考がある。その一日も早い集成が待たれるところである。

もちろん現世においては子孫繁盛を願うのは人間の自然な感情であるが、その切実な願いを実現するためには、一方で自らを犠牲に供するという残酷かつ神聖な行為が不可欠であると、古代人が考えていたことによる。

◎第七章
外道幻想の歴史性について

1　はじめに

ここまで生産原理としてのＭＧＭ（male genital mutilation、男性器切除）の諸表徴について見てきた。[1] その際筆者は、自らの性を捨てることで共同体に生産と安寧を齎すという「外道信仰」的立場から、謂わば「聖」者の自己犠牲的な行為としてのＭＧＭを取り上げたのであるが、そのような信仰は古代の王権の確立とともに次第に忌避されていく。そして後世には、ＭＧＭの諸表徴は罪あるいは隷属の結果を示すものとして、謂わば「賤」視の対象へと転倒してしまう。

このため現代においてＭＧＭを語ろうとすると、王権が確立して以降の思考の枠組みの中で判断されることが不可避である。まして未だ男権優位の社会にあってはＦＧＭ（female genital mutilation、女性器切除）なぞおぞましい生理的な拒絶の対象でしかないが故に、かつてFGMという行為の中にあった聖なる信仰の痕跡を見出そうとすることまでも否定されてしまうという、避け得ない困難に直面するのである。

こう書くと今日のFGMはともかく、筆者が太古のFGMを是認しているかに受け取られてしまうかもしれない。しかし筆者は、(後述するように)太古のFGMは栽培・農耕、飼育・牧畜の豊饒性を、そして何よりも共同体の安寧・永続を願っての切実な自己犠牲的な行為としておこなわれたのではなかったかという仮説を提出しているのであり、それ自体を今日的意識から肯定しているわけではない。

当然、現在にいたるも意味不明の因習の強制として存続しているFGMは即刻廃止すべきと考えている。また、太古のFGMから現在のFGMまで連絡をつけることで、かつての行為を正当化するつもりもない。

要は、太古において食糧生産(植物・動物)の豊饒と共同体の永続への狂おしいまでの渇仰が、人々をしてそのような個人の自己犠牲的な行為へと走らせたのではないかという仮説に、妥当性があるかどうかを問うているのである。また、仮にそのような信仰が受け入れられるような条件が残っている地域があったとしても、共同体の成員間の人権侵害を放置するのではなく、何らかの救抜さるべき方途はないものかと問題提起をしているのが、筆者の本意であることにご理解を願うものである。

（註1）「生産」とは一般的には「人間生活に必要な品物を作り出す」という意味であるが、古代信仰研究会では「生殖と出産」に限定した用語として使用している。つまり、古代社会において最も切実な関心事であった「子をなす」ことを指示する言葉である。

2　人類史における母（女）権制社会

ともあれＦＧＭにしろＭＧＭにしろ、取り上げるからには人類史の中で位置付ける必要があろう。そこでは「男―女（女―男）」関係を規定する母（女）権制と父（男）権制とが多層的に積み重なり、時間的・空間的に捩じれもつれて構造化しているので、まずその構成を解読する作業仮説が求められることになる。

さて論を進める上で確認しておきたいことは、人類が今日まで存続しえたのは絶対的与件として食糧の確保と人口の維持であったことは自明であろう。その前提が担保されなければ滅亡するよりほかはない。多分、旧人類（ネアンデルタール人等）は気候変動を含む何らかの災害によって引き起こされた環境との不適合によって滅びたのであり、それは今日あるところの人類（ホモ・サピエンス）にとっても根本的な事情は同じであろう。

また食糧確保の難易の如何が、人口の増減を第一義的に規定するものとしてあったろう。採集・狩猟生活の長い時間の中で、人類が気候変動の波を潜りぬけ、経験・観察を通してより安定的な食糧の確保をめざしてきたことはいうまでもない。

教科書風に言えば、食糧確保の環境は「採集・狩猟（移動）＋漁労」から「栽培・飼育（定住化）＋漁労」へ、さらには「農耕・牧畜（集団化）＋漁労」へと大きく変わるが、それはジグザグのコースを辿りながら徐々に進行したのであり、その間の個人と集団、男と女（女と男）の関係がどうであったかについては、後世からの仮説として提示するよりほかはない。ここではJ・J・バッハオーフェンの仮説を援用しながら考えてみたい。

周知のようにバッハオーフェンは『母権論　古代世界の女性支配に関する研究――その宗教的および法的本質』（原著一八九一年、邦訳一九九一～九五年）において、文化進化の段階をギリシア神話の神名に仮託させながら、

①動植物が無秩序に繁茂・繁殖する母権制前の乱婚時期――プロトアプロディティーを土着支配神とする
②農耕に基づいた母権制の時代――初期のデメテル女神を支配神とする
③家父長制が誕生し始めた時期――ディオニュソスを支配神とする

④父権制が確立し文明化された時代――アポロンを支配神とすると、四つのモデルとして提示した。もちろん、これは西欧文明を中心とした史観であり普遍的とは言えないが、とりあえずはこのバッハオーフェンが提示した四つのモデルを参考に論を進める。

①の段階を「無秩序・弱肉強食」とイメージするとしたら、それは余りに安直な想像である。そうした現実を否定するものではないがそれのみではなく、本能的レベルとはいえ生物として相互犠牲の上に集団（種）が成り立っていたと見るのが今日の動物社会学的からする知見であろう。

が、ホッブスが「自然状態とは各人の各人に対する戦争状態」（それからの脱却としての国家の形成）としたことをはじめとして、ダーウィンの進化論、自由放任の古典派経済学、さらには昨今の「新自由主義」へと接続することを正当化する論拠として等、このイメージは繰り返し再生産されて生き続けている。

②の栽培・飼育に伴う定住化、農耕・牧畜に伴う集団化の過程にあって、人類にとって個人と集団、男と女（女と男）の関係は所与の条件如何によって多様な在り様を呈したであろう。が、ヒトの心性においては、総じて外界（天体・気象や動植物等）を人体との対応関係として見る思考様式が支配的ではなかったか。

その際、男と女（女と男）の関係については、子は女の母胎から生まれるという揺るぎのない事実があるのに対し、その子の父は誰であるかについての認識は甚だ曖昧である。太古においては女が孕むのは雨や風や小さな精霊などによって、と観念されていたようである。

例えば、ブロニスロウ・マリノフスキーによるメラネシアでのフィールドワークを基にした報告と考察『未開社会における性と抑圧』（原著一九二七年、邦訳一九七二年）によると、生まれた子の父は必ずしも女が交接した相手とは認識されておらず、女が子を孕むのは雨に身体を晒したからだとか、洞窟の中で鍾乳石に身を貫かれたからとか、水浴びをしていて魚に咬まれたから、とされていた。あるいは未来の母親が故人となった親族の一人から夢による一種の受胎告知を受けるというように、子供は母の女系の祖先によって小さな精霊として母の胎内に入って妊娠するものだという観念が太古に遡るほど強固に存したようである。

そんなバカな、未開人といえども動物の交接を目撃したりすることで、生殖についてはとっくに理解していたはずだ、とみるのは想像力の欠如以外の何物でもない。話は脱線めくが、人間の精子の発見は一六七五年、卵子の発見は一六七八年、受精の観察は一八五四年であり、受精のメカニズムの科学的認識はたかだか二〇〇年前からでしかない。性情報が氾濫する現代において、若い男女が交接する術を知らないまま同棲生活を送っていた事例が都市伝説のように報告されている事実は、知識（と実践経験）を有さなければ人間は「性人」として存在しないことを示している。

あるいは琉球の開闢神話について、袋中上人『琉球神道記』（一六〇八年・脱稿）には、

「昔、此ノ国ノ初メ、未ダ人アラザル時、天ヨリ男女二人下リシ。男ヲ「シネリキュ」ト、女ヲ「アマミキュ」ト云フ。二人、舎ヲ並ベテ居ス。此ノ時（中略）二人、陰陽和合ハ無ケレドモ、居所並ブガ故ニ、往来ノ風ヲ縁シテ、女胎ム。遂ニ三子ヲ生ズ」。

とある。これを受けてか、琉球国の正史『中山世鑑』（一六五〇年）に、

（前略）天帝ノ御子、男女ヲゾ、下シ給フ。二人、陰陽和合ハ無ケレドモ、居処、並ブガ故ニ、往来ノ風ヲ縁シテ、女神胎ミ給ヒ、遂ニ三男二女ヲゾ、生ミ給フ。（後略）

とあるのも、妊娠についての古代的観念の残滓を感じさせるものである。

また人間と外界との関係については、先に男と女（女と男）の関係について述べた絶対的事実から類推した古代人にとって、大地における農耕の営みとその稔りは「大地＝母胎」から生まれるという大地母神信仰となって、その観念を大きく捉えていたと考えられる。そのことは古代遺跡（物）や神話等によって示されている「大地母神」に関する多くの伝承によって明らかであろう。

代表例として、国内外の文献を博捜して豊富な図版・写真とともに纏めた大和岩雄の一連の労作がある。*

それらの著作の中で大和が言及している「両性具有の太母」「太母とパレドロス（愛人）」「太母と息子の聖婚」などは、バッハオーフェンのデメテル女神段階に相当する「母権制社会」の基幹をなしていたということができるだろう。

＊『十字架と渦巻』一九九五年、『魔女はなぜ空を飛ぶか』同年、『魔女はなぜ人を喰うか』一九九六年、『神々の考古学』一九九八年、『神と人の古代学』二〇一二年、等を参照。

やがて栽培・農耕における摘花（果）や飼育・牧畜における去勢によって、より多く・強く・安定した収穫がもたらされることが知られるようになると、ヒトの集団編成のある段階から、まず女性司祭者が執行者となって、司祭者自身の、あるいは他の女性の生殖器切除・毀損（ＦＧＭ）をおこなうことで共同体の維持と安寧が保証されるという狂おしい観念が生じたのであろう、と筆者は考えるのである。

そうして、次には女性司祭者が男性の生殖器切除（ＭＧＭ）へと向かうことは、宗教的オルギー（狂熱）として不可避の流れであったかと思われる。

筆者がこれまで「切る女―切られる男」の関係を記述してきたのは、このような文脈においてであることを、ご理解願いたい。つまり、そこで「切る女」の優位性が感じられるのは多分、デメテル的段階（大地母神時代）を背景としていたことによろう＊

＊本章の補記1「大地母神への男根奉納の伝承・事例」を参照。

3　父（男）権制社会へ

しかし、そのような女権優位の呪術的観念が支配した時代は、やがて終わりを迎えることになる。その女権（母権）優位から男権（父権）優位に至る過渡期が、バッハオーフェンのいう③家父長制が誕生し始めた時期、いわゆるディオニュソス神的段階であろう。そこでは男と女（女と男）の関係において深刻な確執があったであろうことが、容易に推察される。その確執がアマゾネス神話を生む母胎であったろうことも、である。

なおアマゾネス女族の時代が常態化したとは筆者にはとても思えない。キュベレ等の大地母神（母権制）の祝祭の日（冬至および春季）に男性司祭への去勢が行われたことへの男性側の畏怖が、アマゾネスの出現・実体化という幻想を齎したということではなかったか。早い話が女の司祭が次々と男根を刎ねてしまえば女族だけの世界となるわけで、いくら若い男を攫ってきて種男としたとしても生物集団としての不安定性は如何ともしがたい（同様のことは男族集団についてもいえることで、仏教において男の僧侶集団を維持するためには稚児の補塡が必要とされた)。
結局、女族は男族の血を取り入れなければ類として成り立たないという平凡な認識に至ったことは、当然の帰結であろう。喜劇であるアリストパーネスの『女の平和(リューシストラータ)』は、そのような古代ギリシアの伝承を背景に成り立っているのではないだろうか。
さて、④男権(父権)優位の時代(バッハオーフェンのアポロン男神段階)の到来は、西欧的な歴史区分でいえば都市国家の成立から現代に至るまでの支配的な「男―女(女―男)」関係を規定してきた。[2]
その中で男性による女性に対する様々な性的束縛・支配も続いてきた。中でも現代アフリカやイスラム諸国に未だ存続するFGM(女性器切除)は、男性による女性に対する占有欲から発する理不尽な暴力の最たるものであろう。[3]
なおユダヤ・キリスト教において男権優位の思想的根拠とされるものに『旧約聖書』創世記のイブによる原罪があるが、『新約聖書』ではパウロ書簡「コリント人への第一の手紙」の第十一章に「なぜなら男が女から出たのではなく、女が男から出たのだからである。」の章句がある。また仏教では『血盆経』などで「女の汚れ」(赤不浄)を指摘する。
このような男権(父権)による倒錯した思弁は、仏教やキリスト教を問わず、清僧(修道士)・尼僧(修道女)という存在を生み出した。社会的に疎外された女性にとって僧院はいったんは男女対等の幻想を与えたかにみえたが、その実体は厳然たる男女差別の上にヒエラルキーが成り立っているという救い難い現実でもあった。

（註2）男権（父権）優位の時代は何も西欧でいう都市国家の成立を前提にするものではなく、共同体が形成されていく過程で「男—女（女—男）」関係の有意差は当事者の置かれた条件によって多様でありうる。

（註3）「ファラオニック割礼」と呼ばれる女陰部の縫合（所謂「鎖陰」）は、それ自体が死と隣り合わせの危険な施術であり、婚礼までその処女性を強制するだけでなく、初夜における交合によって花嫁は夥しい出血の危険に晒される。さらに出産に際しても陰部開口のため死の危険が待ち構えている。そして出産後は再び陰部を縫合して、同じ過程が繰り返される（フラン・P・ホスケン『女子割礼』（原著第三版・一九八二年、邦訳一九九三年）を参照）。また結婚式の夜、花嫁が割礼していないことがわかると処女性が疑われて離婚される。あるいは離婚をするとき、再婚したければセックスができないようにもう一度、膣の入口が縫われ、再婚すればまた開くのである（同邦訳、鳥居千代香あとがき）。本来、何人にとっても自由であるべき人格がかくも因習の名の下に存続・許容されているのは、男尊のおぞましさ以外のなにものでもないだろう。

なお中世ヨーロッパにおいて数次に亘る十字軍遠征の間、兵士が留守を預かる妻君等に対して貞操帯を強要したか否か、あるいはそもそも貞操帯が何時から使用されたかについては、定かでないとされるが、私見では十字軍兵士が遠征先のエジプトや中近東地域でFGMの存在を見聞したことが、後に西欧において貞操帯を齎したのではないか。というのもスーダンやエジプト南部では夫がある期間家を明けるときには、「タハラ（浄め）」といって妻たちの女陰が再び封鎖される風習があるからだ。そのように考えれば、西欧における貞操帯の機能も男尊女卑という点でFGMと同根であるといえる。

4　女たちによる父（男）権制社会への異議申し立て

かつてエジプト・小アジア・中近東・ギリシア・ローマをはじめとして各地でみられた大地母神信仰は、何処に消えたのだろうか。全く消滅したのかといえば、そうではない。大地母神信仰は姿形を変えつつ様々な所で歴史の伏流水の如く生き続け、時には地上に噴出・喚起されている。

欧州においてはキリスト教（特にカトリック）による公権力の確立・強化によって大地母神信仰は衰退したかにみえる。が、教父たちによる「父なる神―子なるイエス・キリスト―聖霊」の三位一体を巡る神学上の思弁は、「子は母から生まれる」という明確な原初的事実への教権側からの滑稽かつ必死の抗弁であり、女権に対する怖れの反映でしかない。だからこそ後述するように、「産婆」が「魔女」として苛烈なる処断を受けたのである。

さて女たちからの男権優位への異議申し立てがどのような形でおこなわれたかを、大和岩雄『魔女論』から見てみよう。

その前に公教会側からの女性への眼差しの推移をたどってみると――。

①最初の魔女教書ともいうべき九世紀の『司教法典』は次のように述べる。

「サタンに帰依し、サタンの作りなす妄想や幻影に魅惑されて、動物にまたがり、異教の女神ディアナとともに、おびただしい群れをなして、夜の死のしじまのなか、広大な国々を横切り、ディアナ[4]を女主人としてその命令に従い、幾夜も召し出されて彼女に奉仕する、そういう邪悪な女たちが存在する」。

②十一世紀初頭の『レギノ法典集』も、悪魔（サタン）たちの女主人をディアナとし、ディアナに従う女たちを「夜行女（ストリガ）」とする。

③十四世紀になっても、「夜魔の一団（トレゲンダ）がディアナに率いられてイタリアの

森を騒がしく駆けめぐった」と、ドミニコ会士、ジャコボ・バッサヴァンティは話す。
④こうした女たちの不穏な夜の徘徊への怖れを背景に、一四八九年、ドミニコ会修道士、ヤコブ・シュプレンゲルとハインリッヒ・クラメールが著わした『魔女の鉄槌』では魔女狩りが煽動されることとなる。
そこで真っ先に槍玉にされたのが産婆たちであった。彼女たちは、出産を含む女性の身体の状態を調整するのに効能のある薬草に関する知恵や知識を「大地母神文化」の中から受け継いできていた。陣痛を促進する薬剤や場合によっては堕胎のための薬剤の使用術も心得ていた産婆たちによる出産への現実的関与は、カトリック教父による「聖母マリア・処女懐胎」の倒錯した教理と真っ向から対立するものであったことから標的とされたのである。

さて、このような男権優位への女性側からの反乱、異議申し立てとしては、魔女や農婦等による男根切りの脅しなど数多くの民俗事例・伝承がある。以下に紹介するのはいずれもローマ・カトリック公権力の周縁部に当たるスイス・オーストリア・ドイツ・ケルト・北欧等における事例である。
①十七世紀のオーストリアやスイスでは、女たちだけの「山羊祭り」があった。
②英国エリザベス朝時代の農村の五月祭では、メイポールを取り巻いて騒がしく踊り、森で夜を明かす大勢の女たちがいた。

③スイスのチロルでは、女たちは若い牧童たちを襲い、ズボンを引き剥がし、男根を出して勃起させ、去勢の真似ごとをしてからかった。
④オーストリアのザルツブルク近くのグロースアール谷では、糸紡ぎ部屋の女たちは「魔の集団」組織を作っていて、男を捕まえることが許される特定の期間は、男のズボンを脱がせ、去勢するといって脅かした。
⑤ドイツ・ガイタールのプレチラノの女たちは下働きの男や百姓の息子を捕えると、しっかり押さえつけ、麻くずをまぶして、倒木の幹の上で「鉋をかける（犯す＝hobln）」のであった。
私見では、この「鉋かけ」とは単に「犯す」ということではなく、本書第五章「割礼考」で少し採り上げたように、包茎（真性・仮性）の包皮を実際に「削りとる」もので、若い男たちにとっては恐怖そのものであったろう。
⑥一四一八年のマケドニアの一月七〜八日の「乳母・産婆の祭り」についての文献によると「老婆や亭主持ちの女たちがまるで子供のように振る舞い、（中略）女たちが襲ってきて、男に性交を強要した」。
⑦そして現在もバラの月曜日の四日前に当たる木曜日に「女性無礼講の日」としてドイツ・ライン地方でおこなわれている「女カーニバル」では、女たちは出会った男性のネクタ

イ（もちろん男根の暗喩である）をはさみで切り取ることが許されている（高橋義人『魔女とヨーロッパ』、及びHP「女カーニバル」の項）。

この祭りは元々ゲルマン民族の間で春の到来を祝い、豊穣・多産を祈る行事としておこなわれていたものであるが、一〇九一年のキリスト教・宗教会議において「イースター（キリストの復活祭）」の四十六日前の断食期間を制定することで、異教（大地母神信仰）に関する行事を祀り取ったものである。

以上のような民俗事例は元々「春節」などの限られた期間の行事・風習（日本でも「女正月」がある）としておこなわれていたものであったが、女たちの放埒に怖れをなした男権当局により、次第に制限・禁止されていく。

このような大地母神の後裔である欧州の女たちの受難の歴史についてはジュール・ミシュレが『魔女』（一八六二年刊、ただし完全版は一九一一年刊）で明らかにしてきたところである。さらにヒルゲ・シュメルツアーは『魔女現象』（原著一九八六年、邦訳一九九三年）で、「男―女（女―男）」関係の歴史過程を踏まえて鋭く剔抉している。異端審問（異端とは、キリスト教成立以前の大地母神信仰が母胎）に端を発しての、禁欲的男性聖職者による異様な女性憎悪が魔女への拷問へと至る過程は、読む者をして胸に痛みを覚えさせずにはいられない。が、女性著者ならではの目配りの効いた叙述が、女性の復権のみならず限界を露呈した男性精神の救済にも視野が及んでいることを指摘しておきたい。

（註4）「ディアナ女神」はローマ神話の月神で、ギリシア神話のアルテミスに相当する。いずれも本来的には大地母神に対する当該地域特有の命名である。

5 母（女）権制と父（男）権制

バッハオーフェンが男権（父権）優位の時代の象徴とするアポロン男神（太陽）は、日没とともに母なる大地の地下を通り、再び東の大地から昇る（再生）。そのことから、アポロンもまた大地から生まれ出たものであり、太陽を含めてすべてが大地の子として、女性の根源的優位性が「未開」と呼ばれる時代から観念されていたことを考えれば、男権（父権）優位の時代は女権（母権）優位への反動であったと捉えられよう。

父権制確立の過程ではオス同士の戦いも演じられてきた。そこでは共同体の生産と安寧のために長たるオス自らが「抜箭」した時期があったと想定されるが、王権が確立されると忽ち他者を犠牲とする権力体制の構築へと向かうことになる。そこでは自己犠牲の発露としてあった「抜箭」も、対抗相手となりうるオスを去勢する宦官制度へと変容していった。一方で、ＦＧＭやＭＧＭは集団アイデンティティを確認するための形ばかりの掟として定着していった、とみることはできまいか。

ここまで記してきて、それらは単なる説明仮説に過ぎないとの反応が返ってくることが予想できるが、そもそも男性である筆者にＦＧＭについて論じる資格があるのか、あるとすればその根拠を明らかにせよとの批判もあろう。

言挙げする資格・権利があるのはまず当事者であり、それ以外の如何なる代弁者も正義者面はしないという矜持は持つべきだろう。その上でだが、アフリカ、中東の一部で今なおＦＧＭが因習として実施されていることを知った欧米のフェミニストたちが、自らの痛みとして当事者の悲痛な叫びを報告し、国際機関等に働きかけていなければ、「知られざる因習の暴力」は未だに明るみに出ることはなかったであろう。

今、性を巡る差別の最も深刻な課題の一つがＦＧＭ問題であるとすれば、男性女性の区別なく、まず現実を知り、その痛みを想像することからしか始まらないし、何故そのような因習が厳然と存続してきたか、その倒錯の由ってきたる所以から解きほぐしてゆかなければ真の解決に至る道はないと考える。だとするならＦＧＭについて男性からするアプローチも排除されるものではないだろう。

要はＬＧＢＴＱを含め性の多様な在り方については、他者の存在を肯定することからしかお互いの関係を信頼あるものとして築いていくことができないのだということを自戒としたい。

補記1　大地母神への男根奉納の伝承・事例

フリュギアを中心とした小アジア一帯で崇拝された豊饒多産の女神・キュベレ女神についてみると、当初は大地に対する崇拝とともに、特にペルガムムの社で祀られていた「黒い石」が熱心に崇拝されていた。やがてキュベレ女神の崇拝は小アジアからギリシアへと伝わり、紀元前五世紀にはライオンを従えた壮大なキュベレ像としてアテネの神殿に置かれるようになる。さらに紀元前二〇四年には、キュベレの神体である「黒い石」がフリュギアからローマに移される。当時、カルタゴと戦争中であったローマに、「もしもフリュギアの母をペルガムムから持ってくれれば助力してくれるであろう」との託宣がくだったからである。

毎年春におこなわれるキュベレ祭について、ルクレティウス（前99〜55）は「聖なる御社から運ばれてきたキュベレは、軛に繋がれたライオンの手綱を取る。（中略）彼女にはフリュギアの楽隊がつきそう。これは小麦がその国から世界中に広まっていったと言われているからである」と記す。

このキュベレ女神は若いアッティスを愛したが、アッティスが別の女性と結婚しようとすると、アッティスの男根を切断した等の神話が絡む。なおギリシア神話に登場するレアーも大地の女神で、キュベレと同一視された。

フリュギアの儀式では祭司となる者たちがこのとき自らを去勢し、男根を大地に埋めた。ローマのアッティス祭の「血の日」（三月二十四日）でもそれに因んだ儀式がおこなわれた。

「狂乱状態になった祭司が、わが身から切り取った男根をキュベレ女神像に投げつけ、その後、切断された豊饒多産の器官は丁寧に包まれてキュベレに献げられ地下室に納められた。この行為は、血の供物と同じくそのままアッティスを甦らせ、またまさに春の陽光をうけて葉や花となって現れようとしている自然界の復活を促進すると信じられた。」（フレイザー『金枝篇』。原著・初版一八九〇年、邦訳一九五二年他）

エフェソス（現・トルコ）のディアナ神殿から出土したローマ時代・二世紀のディアナ（アルテミス）像についても同様のことがなされた。

「春祭りのとき、人々はエーゲ海の太母神アルテミスに睾丸をくっつけて、太母を孕ませた。」（デユル『再生の女神セドナ』）

このエフェソスのディアナ神殿に仕える大司祭メガビソスは、必ず去勢されなければならず、その切り取られた男根と睾丸はディアナに捧げられた。

またヒエラポリスでおこなわれるアスタルテ（大地母神）の春の祭りに集まった人たちの中には、宗教的興奮のあまり「自ら去勢」し、「血にまみれた男根を握りしめて町じゅうを駆けまわり、男根を家に投げ込むが、投げ込まれた家は名誉ある家となる。」(フレイザー『金枝篇』)

そうした様子について二世紀ギリシアのルキアノスは、「男は去勢の剣をつかんで自分自身を去勢し、切り取ったものを手に持ちながら街じゅうをやみくもに走り回る。そして、これはと思った家のなかにそれを投げ入れ、家の人からは女性の衣服や装飾品を受け取る」と記す。

キュベレ女神に対する春の賛美の絶頂で「ガロイ(キュベレ神の司祭)たちは一人残らず、聖なる石ナイフで自分の性器をそっくり切り取り、自発的に去勢する……このために銅や鉄を使うことは禁じられている。女神に身を捧げた女たちも、同じやり方で、片方または両方の乳房を切り取る」。「古代においてさえ、自分の肉体の一部を切断する道具が石に限るとされていたことは、この慣習がさらに大昔からのものであった」とするベッテルハイム『性の象徴的痕跡』(原著・新版一九五四年、邦訳一九七一年)の指摘は、MGMの古式をうかがわせる記述として、筆者は重要であると考える。

［付］ＦＧＭの在り様についての具体例

第七章では、本来、聖者の自己犠牲的な行為としてあったＭＧＭ／ＦＧＭが、歴史の変遷の中で社会の統治権力の在り方と関わってどう「変形」をとげていったかを見てきた。ここではそのことを踏まえた上で、過去あるいは現在のＦＧＭの在り様についての具体例を「萩原考」「鱏(エイ)神考」「鎖陰考」として提示してみた。

テーマの大きさに較べてあまりに貧弱で「考」とするに堪えないが、ＦＧＭ論の充実のためには他日を期したい。

其の一　萩原考

1　陰絶田の伝承

まず『播磨國風土記』揖保の郡の条の萩原の里の項を全文掲載する（読み下しは岩波・古典文学大系本による）。

萩原の里　土は中の中なり。右、萩原と名づくる所以は、息長帯日賣命、韓國より還り上りましし時、御船、此の村に宿りたまひき。一夜の間に、萩一根生ひき。高さ一丈ばかりなり。仍りて萩原と名づく。即ち、御井を闢りき。故、針間井といふ。其の處は墾らず。又、墫の水溢れて井と成りき。故、韓の清水と號く。其の水、朝に汲むに、朝を出でず。爾ち、酒殿を造りき。故、酒田といふ。舟、傾き乾れき。故、傾田といふ。米舂女等が陰を、陪従婚ぎ断ちき。故、陰絶田といふ。仍ち、萩多く栄えき。故、萩原といふ。爾に祭れる神は、少足命にます。

これは何を言わんとしているのであろうか。ここには幾つかの地名由来が説かれているが、如何にもとってつけたのような説明である。特にこの項の主題である「萩原」に関して、「名づくる所以」と書かれているにもかかわらず、多くの読者には奇異な説明としか受け取れないのではないか。

そこでこの萩原の里の項の本質的な構文を抽出すると、萩に関する「一夜伝承(1)」と「陰絶説話」とから成っていることが分かる。

後掲する(註1)の北野天満宮創建に関わる話や他の多くの「一夜伝承」には、自らあるいは他者の犠牲に伴って多くの木が生えたとする話は見当たらない。が、北野天満宮のこの一夜松伝承を菅原道真の無念の死が犠牲神としての神格を帯びたものと解するならば、この「萩原」説話とも通底することになる。

さて萩原の里の項では、まず「一夜の間に、萩一根生ひき」と、神功皇后の征西帰還を契機としての一夜伝承が語られた後、井戸、水、酒殿、田と地名由来が続く。さらに「米春女等が陰を、陪従婚ぎ断ちき。故、陰絶田といふ」と陰絶(FGM)の伝承が語られ、最後は再び「仍ち、萩多く栄えき。故、萩原といふ」と一夜伝承の説明で終えている。

筆者は先に「抜箭」に関する考察で、古代においては共同体の生産（生殖と出産）を安寧たらしめるために共同体の長（男性）が自らのリンガを切除したと述べた。それと同じように、ここでは息長帯日賣命の陪従に仮託された巫女が、自分より若い巫女見習いで神饌の米を舂く処女の陰部に傷を負わせることで、共同体の存続と稲作の生産の安寧をもたらそうとする古代の外道信仰の名残りが語られているのである（「陰絶」伝承）。

既に読者もぴんと来られたことと思うが、「陰絶」という女性器切除が行なわれた地が「萩原（はぎはら）」と呼ばれるのは、萩原が「剥ぎ腹」の当て字、一種の伏せ字であることによる。

（註1）「一夜伝承」とは筆者が仮に呼んだものであるが、各地にある伝承の一種で、主に一夜の内に植物が多く繁茂した出来事を語るものである。

例えば、最も人口に膾炙しているところでは京都の北野天満宮創建に関わる次の伝承である。すなわち、天慶五年（９４２）右京七条二坊の多治比文子に、また同九年（９４６）近江比良宮禰宜神良種の子・太郎に、菅公の託宣があった。太郎には「北野にある右近の馬場に祭れ。神意の証拠に松を生やす」とあり、一夜で千本生えた、とするもの。

2　日本におけるＦＧＭ（女性器切除）伝承の系譜

ここで、この国におけるＦＧＭ（女性器切除）伝承の痕跡・伝播をいくつか拾ってみよう。同じ『播磨國風土記』の賀毛（かも）の郡の条の川合（かはひ）の里の項に「腹辟沼（はらさき）」の説話が載る。岩波・大系本で読み下し文を紹介する。

腹辟の沼　右、腹辟と號くるは、花波（はななみ）の神の妻、淡海の神、己が夫を追はむとして、此処に到り、遂に怨み瞋（いか）りて、妾（みずから）、刀以ちて腹（はら）を辟（さ）きて、此の沼に沒（おち）いりき。故、腹辟の沼と號く。其の沼の鮒等、今に五臓（はらわた）なし。

花波（はななみ）→腹辟（はらさき）を転訛とみるのは語呂合わせにすぎないかもしれないが、「腹辟の沼」で神妻（古代巫女）が自ら腹を辟いたことで「其の沼の鮒等、今に五臓なし。」とされているのは神妻が自らの生産（生殖と出産）を犠牲にした不女神の意だからであり、先の萩原の里の「陰絶」とも通底した伝承と言えよう。

時代は下るが、かつての美作国には「お花」と呼ばれた女性に纏わるよく似た話がある。

筆者が拾ったところを紹介する。
一つは、岡山県新見市の金精神社に伝わる話である。
「巷説に新見藩主の正室、嫉妬のあまり愛妾を殺してその陰部をえぐりとった。その死霊のたたりはなはだしきにより祀ったものと云う。」（島村知章『岡山県土俗及奇習』）
二つは、同じ新見市の雲居寺に「お花観音」として伝わる話である。
「昔、新見藩の家老の大橋家の侍女にお花という美女がいた。家老は彼女を寵愛し側女にしたが、妻女はたぎる嫉妬心を抑えて、お花を嫡子の子守役にしていた。が、家老が留守の日、お花は誤ってその嫡子を縁側から落とし運悪く嫡子は死亡した。妻女はお花を折檻し陰部までえぐり出して惨殺した。それから大橋家では毎晩のようにお花の幽霊が現われたので、お花の霊をまつったのがお花観音である。」（『岡山伝説散歩』）
なお、同じ津山市の徳守神社には、右の「お花観音」の話が境内社・善神社の「お花宮」として伝えられている。
「旧藩時代のこと家老職の家に召し抱えられた、美女の「お花」が正妻のしっとのために陰部をえぐりとられて殺されたとのこと。その後怪事がおこり正妻は狂死した。家老はお花の霊を弔って寺の一隅に堂を建て祀ってやった。それが明治になって徳守神社の一部に祭られるようになり、お花宮と呼ばれた。」（『岡山県の性信仰』）

さらに四国にも「女陰切除」の伝承がある。清少納言の落魄譚の一つとして語られているもので、〈紀伊水道へ投身するも阿波鳴門の里浦の浜に漂着した。土地の漁師に辱めを受けんとした時、操を守るため刃物で自ら陰部をえぐり海中へ投げ捨てて命を絶った。その供養に建てられたのが現・鳴門市里浦町の観音寺尼（天）塚堂〉とするものである。

里浦町とは少し離れるが、同じ鳴門市内には「大麻町萩原」の地名もある。

徳島県三好郡三加茂町の林下寺の境内には「お花大権現」が祀られている。これは前記の岡山県の伝承を踏まえたものである。

鳴門市里浦　天塚堂・清少納言廟所

3　萩原＝皮革業について

萩原が「剥（は）ぎ腹（はら）」であるとすれば、それにかかわる職業として思い浮かぶのが皮革業(2)である。本稿で採り上げた『播磨國風土記』揖保の郡の条の萩原の里の項では「陰絶田（ほとたちだ）」（FGM）の伝承を記すが、同地に比定される現・兵庫県たつの市揖保町萩原を起点に周囲を見回すと、揖保川の支流・林田川沿いに皮革業者が点在し、隣接する誉田町広山には播磨皮革協同組合がある。また東隣の市川沿いの現・姫路市花田町高木は江戸時代、浪速の一大皮革センターであった渡辺村から原皮を供給された皮革業者の蝟集する地であった。

因みに揖保川河口の西方・たつの市御津町の室津は遊女発祥の地ともいわれて殷賑を極めた港町で、右記の播磨産皮革の積出港でもあった。

（註2）『播磨國風土記』から離れて、皮革業と「萩原」地名のつながりを示す文献に以下のものがある。

『摂陽群談』川辺郡の条にある「萩原村、火打村」は現・兵庫県川西市萩原、火打の地であり（摂津国、猪名川の中流）、現在の地図でも火打に製革所、東隣の絹延町に北摂皮革組合が見える。同地も浪速・渡辺村から原皮を得て、なめし皮加工をおこなっていたところである。

さらに『丹波志』天田郡の条に「萩原村」の記述がある（現・京都府福知山市萩原、土師川沿い）。「此村内ニ具足師、弓師、矢師、弦師ト云字ノ所有リ。其ノ由縁之ヲ知ラズ」とあるが、武具を製した手伎が居住していたところではないか。

あるいは淀川沿いの現・京都府八幡市に「川口萩原」の地名が見える。その南東隣の「下奈良二階堂」は江戸時代の鹿革染色「八幡黒勝武染」に因むとされる(『八幡市誌』)。

4 はぎはら童子と「不交」伝承

昔話の一類型に「竜宮童子」物がある。以下は長崎県壱岐島の『壱岐島昔話集』から。

「壱岐の東海岸葦辺村の長者原に長者の墓と伝えるものがある。昔、ここに貧しい夫婦があり、信仰厚く毎年竜宮に門松年縄を奉るといって海に投じていた。ある年の暮に例年通り門松を献じたところ、深夜に呼び起こす者があり、竜宮の使者といって夫婦をつれていく。途中で使者は、竜宮で何か賜わるというから、禿童を望めと教えてくれる。果して竜宮でもてなされた後、何か望めといわれ、はぎわらをこう。その子供をつれ帰って頭をなで、願い事を云うとみんな望み通りになって夫婦は長者になり、年も若返った。ところがはぎわらは草履をはかずに、雨降りにもそのまま土足で室に上る。また夫婦の関係をいましめるので、妻はこれをきらい、夫にすすめてはぎわらを追い返す。すると忽ち家倉は消えて夫婦はもとのあばらやに、老人の姿となって坐っていた。間もなく二人とも老いて死んだのがこの墓だという。」

この「禿童」は江戸時代の壱岐の学者・吉野秀政の『神国愚童随筆』に採録されたとされるが筆者の手持ち本に「はぎわら」は見えず、類本によるものか。

また、『離島伝説散歩』の中に壱岐島の「ハギワラ長者」伝説とされるものがある。

「昔、この浦（八幡浦）に老夫婦がいた。貧乏だったが正直者でいつも竜神様を信仰し、年の暮れともなれば門松、年縄などを流して竜宮に献納していた。（中略）老夫婦はハギワラを連れて家に帰った。今にもつぶれそうな我が家、ものはためしとばかりにハギワラに新しい家を造ってくれとたのんだ。たちまち、爺さんが欲しいと思っていた家が出来た。家具も衣服も食物も、ハギワラの頭を一なでするだけですべてが思いのままになった。こうなると二人はもっと若くなりたいと思い、ハギワラにたのんだ。すると二十代の若さになった。しかし、ハギワラは夫婦の交わりだけは禁じ、夜もはなれない。今は長者となり、何一つ不自由なく生活できるようになった二人は、ハギワラさえいなければ、夫婦生活もうまくゆく、この際、ハギワラを竜宮に送り返したらということになった。（中略）二人は白髪のもとの姿に戻り、家もあばら屋になっていた。」

出典名は忘れたが、竜宮から来て贈り物をする少年（竜神小僧）の話は、壱岐島以外でも各地にあるようだ。その名前としては、ハギワラ（禿童）の他に、ヨケナイ・フクレワラシ・ヒョウトク・ウントク・ウン・アホウ・白ガブケ子・ソウドクダイシ（聖徳太子）などで、大工の夫婦の間に産まれた片目・片耳・片足の児の場合もある。総じて顔は醜く、鼻や涎をたらし、汚い着物を着て常に裸足で歩き、その名も態度も普通のものではない。

ともあれ、ここでいう「ハギワラ（はぎはら）童子」の昔話の核には「不交」伝承[3]とでもいうべきものがあることに注目したい。童子が夫婦の性生活に干渉するのは、「はぎはら」が「剥ぎ腹」であり、自らの生産（生殖と出産）を犠牲にすることで共同体の安寧をもたらすという外道信仰のバリエイションだからである。

（註3）「不交」伝承という言葉は造語であるが、何も「ハギハラ童子」に限られるものではない。例えば『古事記』に小碓命（倭建命）の東伐譚がある。

小碓命は東伐からの帰途、尾張国の美夜受比賣の許に立ち寄る。二人の間には「婚ひせむと思ほししかども、亦還り上らむ時に婚ひせむと思はして、期り定め」られていた。ところが、「さ寝むとは　我は思へど　汝が著せる　襲の裾に　月立ちにけり」と、お預けとなった。小碓命は美夜受比賣の許に草那藝劔を置いて、伊服岐能山の神を取りに行くが、そこであっけなく死んでしまう。

ここには、小碓命が交われなかった（不交）のは、父である景行天皇の皇子として「抜箭」を受けていたからであるということが暗喩されている、と解されるのであるが、どうであろうか。

草那藝劔が以後、皇位継承の徴（しるし）とされるようになったのも、そのような理由からであると筆者には思われるのである。

其の二　鱏（えい）神考

1　明石の蛸と鱏

ＦＧＭ（女性器切除）に関する外道信仰の痕跡を追うに当たって、必ずしも記紀や風土記などの古典籍から始めなければならないということではない。入り口は昔話や民話、伝承・説話など、いくらでもある。ここでは『兵庫伝説散歩』中の「明石と美嚢野（みのの）」の項に記された伝説を少し長いが引用する。

「（前略）この地を訪れた松尾芭蕉に「蛸壷やはかなき夢を夏の月」の句があるように、明石の産物には蛸が有名だ。明石市街の西はずれの林崎に西窓后・東窓后[1]二人のおきさきが住んでいて、いつも大蛸におびやかされていた。たまたまその西方——二見浦に住む浮須三郎左衛門は、大きな蛸壷を仕掛けて、うまく大蛸を浮洲に引っぱりあげ、はい出そうとする足を一本ずつ切っていった。大蛸は苦しまぎれに山伏の姿に化けて北へ逃げ出したが、三郎左衛門はこれを追跡して林神社の東の谷で四つにたたき切って退治することができた。蛸はその場で大きな石に変わったのでその後人びとは山伏塚と呼び大団円とはなったが、その後村人が動かそうとしても、びくともせず、ただ北の方へは木の葉のように軽く移動できたので、誰一人手を触れるものもなかった。その石の間からは清水がわき出るようになり、村人は林神社の祭礼の日にこの水で酒を造っていたので立石の井とも呼んだ。」

続いて「明石原人の腰骨が発見された屏風が浦の海蝕断崖を西へ伝ってゆくと江井ケ島。酒造家の多い土地で、港は行基が築いたと伝えられ、そこの長楽寺の仏具には鱏向嶋の文字が読まれる。昔は嶋と呼ばれたこの港の築堤が完成したとき、一尾の大きなエイの魚が現われたので、行基が仏の遣わした使者だとして酒を飲ませたところ、行基を拝んで立ち去った——江井ケ島の地名由来だという。（後略）」

（註1）「東窓后・西窓后」の表記が意味するところについてであるが、古代においては太陽が東から昇り西に沈むという「東西軸」の自然信仰が受容されたことが背景にあると考える。後に中国をはじめとする古代王権の成立に伴ってい、不動の北極星を天帝として仰ぐ「南北軸」が受け容れられるところとなる。

「東西軸」を核とする太陽神信仰については、既に吉野裕子や大和岩雄等によって世界各地の事例が明らかにされてきたところである。比較的身近な例としては、①神座が東面する社殿として出雲・神魂神社、宮中八神殿、紀伊・日前国懸神宮、常陸・鹿島神宮があり、②神座が西面する社殿として出雲大社があること、また③韓国・慶州の天馬塚古墳内に埋葬された貴人は東枕にされていたこと（筆者も現地で復元配置された人物模型像を実見した）などが挙げられる。

このように「東西軸」信仰がより古代性を有していることが確認できるだろう。したがって「東窓后・西窓后」も、こうした文脈で理解すべきものである。

2　なぜ蛸は鱏に変わったか

ここで『播磨鑑』明石の郡の条の「上宮五社大明神」の項についてみると、同社は延喜式・明石郡九座の内の「林ノ神社」で林村にあり、鈴振は林氏とある。さらに「或いは曰く」として「當村ノ内　今岸崎ト號スル所ニ昔后二人御座ケル　其時海中ニ大鱓魚有テ此后ヲ悩シケル　其比加古郡二見浦ニ浮須三郎左衛門ト云人有テ　帝ヘ奏聞而鱓魚ヲ退治有ケル時　此鱓魚北ノ方ヘ行　追掛ル時忽化山伏　今松江村ニ山伏塚トテ尚存ス　弥追掛ル時今上宮明神ノ東ノ方小谷ニテ追付　此山伏ヲ四ツニ断　又化シテ石ト成　今ノ立石是也其時帝有叡感而恩賞而東播磨ニテ田畠七町ヲ賜ハリ名ヲ松岡大臣源時正ト賜ハリケル　然ルニ其靈又仇ヲ成ケル時ニ祟神是　今ノ上宮明神也と云々」とある。

また「岸崎」の項には「古昔此所ニ西窓后　東窓后トテ両人御座ケル由云伝故ニ號ス　當浦海中ニ大鱓魚住テ　此后二人ヲ悩シケル　時ニ加古郡二見浦（ニ）浮須三郎左衛門ト云人有リテ　時ノ帝ヘ奏而退治ス」とあることから、先の『兵庫伝説散歩』中の「明石と美嚢野」の項に記された伝説は、少なくとも『播磨鑑』を典拠としていることまでは遡及できる。

ところで両書（『兵庫伝説散歩』と『播磨鑑』）の内容には共通性が認められる一方、齟齬や疑問が生じることも読者は感じられよう。例えば①鱓がどうして蛸に変化したのか。②后二人は何に悩まされたのか。③鱓に関連して行基伝承が記されるのは何故か……。

付言しておくと、現在の神戸市西区神出町には雄岡山と雌岡山の二山がある。『播磨鑑』

明石の郡の条の「雄岡山最明寺」の項では「昔、東嶽に丈夫がいて、西嶽に淑女がいた。南方の小豆島に美女ありて東嶽の丈夫が鹿に乗って通おうとしたところ、西嶽の淑女が嫉妬した。山上の猟人が射た鹿は石になり、丈夫は溺れ死んだ。これが今の林崎明神であり、西嶽の淑女は暴悪神となった。」としている。

3　エイを調伏した行基

前掲の『兵庫伝説散歩』の「明石と美嚢野」の項の後半部の江井ケ島の地名由来「昔は嶋と呼ばれたこの港の築堤が完成したとき、一尾の大きなエイの魚が現われたので、行基が仏の遣わした使者だとして酒を飲ませたところ、行基を拝んで立ち去った」というくだりであるが、これは文脈からみて二人の后を悩ました蛸を行基が調伏したことを暗示している。つまり、蛸の前にはさらに古い鱏の伝承があったことがうかがわれるのである。

行基の父は高志（コシ、和訓たかし）才智、母は蜂田古爾比売で、高志氏は王爾の子孫（『大僧正利瓶記』）とされる。が、高志が「越（こし）」によるものならば、行基の出自ははるか中国・江南の「越国」からの移住民となる。

なお『新撰姓氏録』では和泉諸蕃中の蜂田薬師を「出自呉主孫権王也」と記し、宝賀寿男

『古代氏族系譜集成』では蜂田薬師の後裔の蜂田首虎身の長女・権智子売を行基の母とする。
また『日本霊異記』では行基の父を越史とする。

一方、『続日本紀』和銅元年の条には高志連村君が従五位下で「越前守」に任じられたとする記述がある。また『新撰姓氏録』の右京神別上には「高志連　高魂命九世孫日臣命之後也」とある。このことは大伴氏が祖を高皇産靈尊としていることから、高志氏と大伴氏は高神系の同祖関係であることになる。

本来、高志（越）氏は南船系の出自であるが、呉越から韓半島に移って倭人（海人＝天（あま）族）として定着して北馬系の高神族に糾合され、列島の九州や日本海側に侵攻した時には南船・北馬は習合・一体化していたと考えられる。*

*この南船北馬の習合・一体化については『外道まんだら』第二章「河童考」の補記1を参照。

大伴の高師の浜の松が根を枕きてし寝れど家し偲ばゆ　　万葉集巻一

と、大伴が高師への掛かり語となったのは、このような背景からであろう。

鱓は本来、温暖な海洋に棲息する。このことは、鱓を調伏した行基の出自も南方渡来であることを示している。その一方で行基は、北方系の氷蔵信仰を核とする「文殊信仰」の徒でもある。*

このように行基による鱝の調伏譚は北馬系集団による南船系集団の制圧・統合化が古代の日本列島で歴史過程として進んでいたことを物語っている。

＊『外道まんだら』第七章「外道信仰の源流」を参照。

4　トロブリアンド諸島のエイ

エイをさらに南方に追っていくと、ニューギニア島の東端のトロブリアンド諸島に次のような民間伝承がある。

「オカイボマ村に、ある女が住んでいた。彼女には五つもの陰核があった。村には海水の掘割りがあり、そこに一尾の大きなエイが棲息していた。針のあるエイはこの老女を犯して、陰核の一つを切り落とした。

彼女には五人の息子がおり、話を聞いた息子たちは彼女を守ってあげようといったが、長男も次男も三男も四男も逃げ出した。末の息子だけがエイと闘ってなぐり殺した。」（マリノウスキー『未開人の性生活』より）

ここではエイは陰核を切除する役を担ってる。

同様に陰核を切除する神話として、マルセル・グリオールの『水の神――ドゴン族の神話的世界』を紹介しよう。大意は次のとおり（［ ］内は筆者のコメント）。

〈創造神アンマは腸詰状の粘土を投げつけて大地を造り、大地は南北の方向にあおむけに横たわった女の身体となった。蟻塚が女性器で、白蟻の塚が陰核である。神が大地と交わることを欲して近づくと、白蟻の塚が起き上がって立ちはだかり、自らの男性性を主張した。神は白蟻の塚をへし折って、つまり陰核切除をほどこして、大地と交わった。さらに大精霊ノンモは男女一対の魂を得た。男の女性性は包皮に宿り、女の男性性は陰核に宿った［陰核が男根の擬きであることはいうまでもあるまい］。ノンモが男には割礼をほどこして包皮を取り除くと、包皮はトカゲとなった。女には陰核切除をほどこすと、陰核はサソリに変身した。〉

5　日本のエイ伝承

話が混乱しそうである。日本のエイ伝承に戻ろう。

エイ、特にアカエイは南日本から中国・広東省沿岸に多いが、漁師仲間ではアカエイの排泄口は「女陰に似ている」と広く伝えられている。美女と化したエイとの交合で生まれた小僧が伊勢の漁師の寺にいたという話（『奇異雑談集』）もある。アカエイの尾には鋭いトゲが鋸歯状に逆さに並んでおり、これで刺されると神経毒で劇痛に襲われる。そのため、漁師はエイが網にかかると直ちにその尾を叩き切るという。

さて神戸市長田区の長田神社と大阪市浪速区の広田神社には、神使であるアカエイの絵馬が神前に奉納されている。これは「痔疾をはじめとして難病に霊験あらたか」（広田神社のパンフレット）とされるからだそうだが、実際には舟底の冷えで痔疾を患う漁師が多かったことからだろう。

広田神社「赤エイ」絵馬

なお『日本書紀』神功皇后・摂政元年二月条には、皇后が新羅遠征から難波への帰還途中に難渋した。務古水門（むこのみなと）に還って占ったところ、天照大神からは「我が荒魂を皇后に近づけず、広田国に居らしむべし」、稚日女尊（わかひるめ）からは「吾は活田長峡国（いくたのながを）に居らむとす」、事代主尊からは「吾をば長田国に祠れ」、との誨え（神勅）があり、これに従ったという記述がある（『古事記』には見えず）。

このことは先に「萩原考」でみた播磨国揖保川下流の「陰絶田伝承」が（古代巫女に仮託した）神功皇后伝承として語られていたように、ここではエイが「切る女」を表象するものとされているのだと思う。ならば切られる物（男）は何かといえば、長田、広田両社の絵馬が「痔疾に霊験あらたか」とされていることにヒントが隠されていると思う。すなわち、痔疾とは疣痔（いぼじ）に代表されるもので、そして「疣」とは正にリンガの擬きなのである。

例を挙げれば、『延喜式・神名帳』の摂津国嶋下郡の新屋坐天照御魂神社の境内社、磯良神社（通称・疣水神社）の伝承で、〈神功皇后が三韓征討に際して、社頭の「玉の井」で顔を洗うと疣に覆われて醜く男装したこと。そして凱旋後、再びこの「玉の井」で顔を洗うと疣が落ち元の美しさに戻ったこと〉。

さらに肥後国宇土郡松合村字永尾（エイノヲ）の劔大明神は和銅六年の創建で、俚俗の説に「往古西海に大鱏あり。飛んで山を越え、此処に来る。故に村名を永尾と称し、其の鱏を祭り、尾尖の劔を神体とした」（中山太郎『気多神考』より『肥後国志』を重引）こと。

ここではエイ（の尾）は劔であり、劔がリンガの象徴となっている。してみると、エイは「切る女」であるとともに「切られる男」でもあるという雌雄同体性へと変容してしまっているが、本源的にはエイに纏わる内外の伝承は「切る女」としての「歯神」を象徴するものであると理解できよう。

其の三　鎖陰考

1　FGM（女性器切除）とDSD（性分化疾患）

本章の前半部で、MGM（男性器切除）とFGM（女性器切除）について、「人間の歴史」の中でどう位置付けるべきか、との問題意識を述べた。なかんづく、後者については今なお続く男権支配の中で、FGMを取り上げる意味は何なのかという女性側からの鋭い視線を感じないわけにはいかないテーマ設定である。果たして筆者がどこまで自覚的に受け止められたかは読者の判断に委ねるしかない。

ともあれ後半部の各論では「萩原考」で子宮切除を、「鱏神考」で陰核切除を、そしてこの「鎖陰考」では女陰封鎖を対象とした。前二者が人為的なFGMの考察であるのに対し、本「鎖陰考」では先天的なDSD（disorders of sex development、性分化疾患）の事例の提示に止まったことをお断りしておく。

2　衝撃のヒジュラ

以下は、大谷幸三『性なき巡礼』（一九八四年刊）からの引用である。


（前略）当時、デリーの中心地、コンノート・プレイスに「インディアン・コーヒーハウス」というオープンエアの喫茶店があった。旅行者や学生や、様々な職業の人々で朝から晩まで賑わっていた。私は毎日ここへ出かけ、一人でコーヒーを飲んでいた。ヒッピーと呼ばれた若者たちがハシシを喫い、ギンズバーグの詩を暗唱したりしていた。その片隅に、ミルクコーヒーとドーナツを前にして、モニクはポツンと座っていた。

「モニク」と呼ぶと、彼女は嬉しそうに笑った。その笑いの寂しさが、私を一層モニクに引き寄せた。私に会ってホッとしたのか、彼女は縋るように私の安宿に移ってきた。

彼女はほとんど喋らなかった。何か癒し難い傷があるように思われた。しかし私は何も尋ねず、また尋ねようともしなかった。四、五日して、モニクは堰を切ったように話しはじめた。

「父はカメラマンだった。『ライフ』の仕事もしていたわ。でも去年自殺した。私のせいだわ。私、アブノーマルなの。セックスのできない体に生まれたの」

モニクは立ち上がり、シャツを脱いだ。骨張った体に、小さな乳房があった。モニクの両眼から涙が溢れ出た。

「両親は私のことで喧嘩ばかりしていた。父には信じられなかったのね。私がそんな体だということが。ある日、私を犯そうとしたの。私を犯して私の体に異常がないことを証明したかったのね。私も犯されたかった。父にならば。でも、できなかったの。母が鍵のかかったドアを外から叩いていたわ。『やめて、やめて』って泣きながら」

私は黙って、息を呑んでいた。

「両親はすぐに離婚して、父は一人で家を出て行った。三カ月後に死んだわ。母は頭がおかしくなって、今、ローザンヌの病院にいるわ。私、一人ぼっちになって、ヒッチハイクで旅に出た。何度か運転手に乱暴されかけて、必死で逃げた。犯されるより、犯されない体だと知られる方が、ずっと怖かった」

私は聞いていられなかった。手でモニクの口を塞いだ。それ以上聞いても、二十一歳の私の分別で何ができたろう。灯りをおとした部屋で、モニクは一晩中すすり泣いていた。

翌々日、ネパールへ発つモニクを、私はニューデリー駅へ見送った。「スイスへ帰って、病院へ行ったらいい。医者が君の力になってくれると思うよ」私に言えることは、それだけだった。彼女は首を振った。微笑んでいた。

「もういいの。あなたのことは忘れない。私、このままの身体で生きて行くつもり」

その後は言葉がなかった。六番ホームから汽車は動き出した。雨に滑るデッキに立って、モニクは手を振り続けた。(後略)

3　産み生(な)せる肉団(ししむら)の作(な)れる女子の善を修し人を化(け)せし縁

以下は『日本霊異記』下巻・第十九からの抜粋である。

肥後の国八代の郡豊服(とよぶく)の郷の人、豊服広公の妻懐妊(はら)みて、宝亀の二年辛亥の冬の十一月十五日の寅の時に、一つの肉団(ししむら)を産み生しき。その姿卵の如し。夫妻祥(よきしるし)に非ずと謂(おも)ひ為して、笥(をけ)に入れて山の石の中に蔵(をさ)め置く。七日経て往きて見れば、肉団の殻(かひこ)開きて、女子を生めり。父母取りて、更に乳を哺(ふふ)めて養(ひた)しき。見聞く人、合国(くにしかし)ながら奇(あや)しばざるは無し。

八箇月を経て、身俄に長大し、頭頸(かしらくび)成り合ひ、人に異(ことな)りて頤(おとかひ)無し。身の長三尺五寸なり。生知り利口にして、自然らに聡明なり。七歳より以前に、法華八十花厳を転読せり。黙然りて逗らず。終に出家を楽ひ、頭髪を剃除し、袈裟を著て、善を修し人を化し、人として信けざるは無し。其の音多く出で、聞く人哀びを為す。其の体人に異り、閪無くして嫁ぐこと無く、唯尿を出す穴有り。愚俗呰りて、号けて猴聖と曰ふ。時に託磨郡の国分寺の僧、又豊前の国宇佐の郡の矢羽田の大神寺の僧二人、彼の尼を嫌みて言はく、「汝は是れ外道なり」といひて、嘲し呰りて嬲るに、神人空より降り、桙を以て僧を棠かむとす。僧恐り叫びて終に死にき。（後略）

なお『三宝絵詞』中巻の「法宝の四」にも、同様の話が収録されている。

4　仏典中の不女

織田得能『仏教大辞典』では『大蔵法数三十二』を曳いて、五種不男に対して五種不女ありとし、「一に螺、二に筋、三に鼓、四に角、五に脉」と記す。

また『塵添壒嚢鈔』では、「五種不女ヲハ、螺。筋。鼓。角。菱ト云也。」と記す。

◎第八章
胞衣神考

1　「大避明神」について

2　金春禅竹『明宿集』と「大避明神」

3　胞衣と女陰

4　胞衣にまつわる民間伝承など

5　「子育て幽霊譚」について

6　胞衣と蚕神

7　「さなぎ」について

8　播州の「腹切り文化」について

1 「大避明神」について

江戸後期、文化元年（1804）に刊本となった『播州名所巡覧図絵』（秦石田著）は、当時の播磨国地域（現在の兵庫県南部）を主対象とした全五巻の地誌である。その巻之五に「大避明神」の項がある。祭神は秦川勝で、川勝の事績や伝承が記されている。

大避明神　祭神、秦川勝の霊なりといへり（洛西広隆寺に大酒明神の祠ありて、秦始皇を祭るといへり）

川勝は山城葛野の人にて、推古女帝の時、豊聡耳皇子に仕ふ。皇子仏像を崇む。これを群臣に拝せしめんとて、河勝に授けたまふ。河勝、蜂岡寺を造立して、これを置けり（蜂岡寺、太秦広隆寺なり）。皇極三年に、東国富士川の辺りに、大生部多といふ者、異虫を養ひて、常世の神なりと号け、信ずる者財宝心にまかすなどと、郷里の人を誑惑(たぶらか)す。河勝これを悪みて、大生部を捕へて、妖術を糾明す（『日本紀』）。また、天神地祇を祭りて、安国利民の政を布き、また、六十六番の舞楽の面を制り、音律糸竹の術を伝ふ事、河勝より始むといへり。○（神名帳、葛野郡、大酒の神社。これ、太秦なり）。
○思ふに、大避は、入鹿の難を御避けの義なるか。坂越も避来の義なるか。また、秦姓の始祖は仁徳帝に仕へし百済の酒君なれば、その始祖を大酒と祀りたるも知るべからず。大は御に同じき上古の尊号なり。百済の人、この所へ来たりし事、国史にもみえたり。既

大避明神（出典：播州名所巡覧図絵）

に僧恵便も百済より来つて、矢野奥に古跡あり。
○酒君は始めて蚕を飼ひ、絹を織りて献ず。その絹を服用するに、甚だ柔らかに膚のよろしきとて、ハダの姓を賜ふ。ゆゑに秦をばハダとはよめり。かかる事ども、日本において大功ある人なれば、尊びて神と祀るもむべなり。なほ後考あるべし。
○『続日本紀』「和銅三年七月、播磨国、始織綾絹」云々。（後略）

著者の秦石田は「大避明神」について、川勝が蘇我入鹿の圧迫から逃れて来たという意で「御避け」の義かとし、神社が所在する「坂越（さこし）」の地名も入鹿の難を避けて来たことから「避来（さこし）」の義なるか、としている。

ところで秦石田が指摘するように秦姓の始祖・百済の「酒公」を祭るものとして、京都洛北・太秦広隆寺の伽藍神「大酒神社」がある。この播磨「大避明神」の項でも太秦「大酒神社」とが結びつけられている。

しかし『延喜式・神名帳』葛野郡二十座のうちの「大酒神社」は「元名大辟神」とあることから、原初は「大辟」の神であり、「大酒」と称するのは後世の付会であるというのが筆者の考えである（「大辟」神の本義については後述する）。

2　金春禅竹『明宿集』と「大避明神」

この播州「大避明神」の由来について、室町時代の能役者・能作者の金春禅竹（こんぱるぜんちく）が興味深い解釈を『明宿集』に残している。以下に〈秦河勝の事〉とされた段から引く。

一、秦河勝ノ事。（中略）業ヲ子孫ニ譲リテ、世ヲ背キ、空舟ニ乗リ、西海ニ浮カビ給イシガ、播磨ノ国南波尺師ノ浦ニ寄ル。蜑人舟ヲ上ゲテ見ルニ、化シテ神トナリ給フ。当所近離ニ憑キ祟リ給シカバ、大キニ荒ルル神ト申ス。スナワチ大荒神ニテマシマス也。コレ、上ニ記ストコロノ、母ノ胎内ノ子ノ胞衣、襌ノ袖ト申セルニ符合セリ。［胞衣ワスナワチ荒神ニテマシマセバ、コノ義合エリ］。ソノ後、坂越ノ浦ニ崇メ、宮造リス。次ニ、同国山ノ里ニ移シタテマツテ、宮造リヲビタタシクシテ、西海道ヲ守リ給フ。所ノ人、猿楽ノ宮トモ、宿神トモ、コレヲ申タテマツルナリ。ココヲ以テモ、翁ニテマシマスト知ルベシ。サレバ翁ノ御事、大荒神トモ、本有ノ如来トモ、崇メタテマツルベ

キ也。秘文ニ云、「意荒立時、三宝荒神。意若寂時、本有如来」。コノ文ノ心ヲ知ルベシ。〈後略〉

なお前文中の「上ニ記ストコロ」とは〈翁の御姿と神楽猿楽〉とされた段の「水干ワ、母ノ胎ニシテワ胞衣トイワレシ襌ノ袖」とされているところを指す。中世特有の神仏・陰陽道習合のおどろおどろしい記述内容である。

さらに〈河勝の御墓所太秦寺〉の段には「〈前略〉当寺ヨリチト西ニ離レテ霊場アリ。桂宮院ト号ス。古今ニ桂ノ宮トアルワコレナルトカヤ。ソノ所ニ、河勝ノ御垂迹、大避明神マシマス。〈後略〉」とある。

ところで中沢新一は『精霊の王』で、この『明宿集』に関わっていささか強引な解釈をしていると思われるところがあるので、ここで正しておきたい。

岩波・日本思想大系本『世阿弥　禅竹』中の「明宿集」では播磨の大避明神について荒神、胞衣、水干と同列に記しているだけであり、中沢がいうような「胞衣荒神」とひとくくりにした神格は登場していないこと。

また中沢の主要関心事である「宿神」について。中沢は現代語訳で「星宿神＝北極星」と意訳しているが、〈翁を宿神と申し奉る事〉の段では「日月星宿ノ光下テ、昼夜ヲ分カチ、物ヲ生ジ、人ニ宿ル。（中略）日月星宿ノ儀ヲ以テ宿神ト号シタテマツル。（後略）」とされている。この場合「星宿」とは普通の漢和辞典にあるように「星座」のことである。なお、この「星宿」を強いて解するならば「北極星」ではなく、「太白星（金星）」[1]のことである。

さて、大避明神と荒神、胞衣、水干とが禅竹において如何なる論理・表象として結びつくかの論証を進めたい。

まず前記・名所図絵の「大避明神」は神名帳には「大辟神」とあるように、これは「辟（さく）神の大いなるもの」の意である。つまり「辟神」とは字義通り「辟く」ことに因むものであり、これを人体に適用すれば抜箭なり、FGM（女性器切除）なり、なんらかの人体損傷を意味しよう（因みに古代中国の刑罰として、「辟」は腰の肉を切る大辟の刑。周代には五刑の一つで、大辟とは「首切り」のこと）。

私見では、ここは「帝王切開」の義としたい。なんとも唐突に感じられるかもしれないが、先に引いた『明宿集』で秦河勝が化した「大避明神」は荒神であり、胞衣であり、水干であると禅竹が謂っていたことを思い出してもらいたい。「辟」神の延長上に措定できるのは「帝王切開」をおいて他にあるまい。

（註1）「太白星（金星）」信仰について、古信研では次のように解している。

人体における男根（一干）と睾丸（二玉）との関係、つまり「男根にエネルギーを注入するのは睾丸からの精液である」という古代認識がベースにあったとする。

その上で、太陽を陽根とみた場合、そのポテンツを発揮させるのが薄明・薄暮の天空で太陽近くにあって最も強く光り輝く金星であるとする。それは「暁の明星」「宵の明星」と呼ばれるように、両太白星から太陽に強いエネルギーが注がれるからで、天体と人体との対応関係から類推したものであること。

しかるが故に、金春禅竹が標題を『明宿集』としたのは、「明星」の「明」と「宿（シュク）*」とが等価であることを承知していたからに他ならない。

*梵語「śukra」（シュクラ）からの転訛。

因みに梵語で「śukra」（シュクラ）、パーリ語で「sukka」（スッカ）に①太白星と②精液の二つ意味があることは、その古代信仰性によっている。

*本章の8「「さなぎ」について」の項で図示した鉄鐸と同じイメージ。

3　胞衣と女陰

さて胞衣と水干とがどう繋がるかについてであるが、民俗学では胞衣のことを「ミズハリ（水張り）」と呼ぶ例が採集されている。これは胞衣に羊水が満ちた状態を指していること。また水干は衣服を水洗いして板に張って乾かすの意であるから、分娩のあと、羊水が破水した状態で娩出された胞衣の形状が水干に似ていることからであろう。

荒神については詳しい考証は避けるが、播州には麤乱神（そらんじん）や伽藍神（がらんしん）、そしてその祖型である「アララカラマ」の神格が痕跡を留めていることを指摘しておきたい。

次に、音韻論的領域からの考察を少し試みたい。周知のように女陰（そこからの派生概念として子宮、闇、夜など）を意味するパーリ語・サンスクリット語等は「yoni」で表記される。

この「yoni」（ヨニ）を順次音便転訛させると、「yona」（ヨナ、胞衣の大坂方言）、「yone」（ヨネ、米・女郎）、「yena」（ヱナ、胞衣の訓読み）、「yoni」のｙ字を脱音すると

「oni」（オニ、鬼＝隠れたる者）となる。

また、この「yoni」は仏教にいう夜摩天「yama」とも習合している。元来、インド神話の「ヤマ」は人類の始祖であり、かつ死者の祖でもあって、妹神「yami」（ヤミー）とともに死・夜を司る。この「yami」から「yami」（闇・子宮・胎内）へ、そして「yoni」（ヨミ、黄泉・死者・地下の夜）へと通底する。蛇足ながら「蘇生する」の意の「甦（よみがえ）る」は、「黄泉（よみ）」（死者の国）から返ること。つまり「生き返る」の意であることは言うまでもない。

つまり　yoni・yona・yena・yama・yami・yomi　は相互に習合しつつ、女陰・子宮・胞衣・闇・地下・死・夜などについての包括的な概念として同根化したとみなされよう。

因みに『外道まんだら』第六章「シダラ神考」で出雲神話について少し取り上げたが、現・鳥取県米子（yona-ko、ヨナ‐コ、胞衣・子）市内に夜見（ヨミ）町があり（出雲神話の「黄泉」伝承地の一つ）、それが転じて「弓が浜」となっている。同地近辺に八百比丘尼伝承を有する粟島神社（かつてのＤＤランド[2]、現在は埋め立てにより陸続している）があり、比丘尼が潜んだという洞窟が存する（『鳥取の伝説』角川書店）。

（註2）「ＤＤランド」とは、デーヴァ・ダーシ（deva-dāsi）ランドを約めたもの。直訳

すれば「神奴」が住む土地、の意である。つまり、古代の外道王に仕えた巫女が居住した場所、を指す。

ただし外道信仰が忌避されるに伴ない、「切る女」の居住地は陸から少し離れた小島に移され、隔離された。そのような「切る女が居住した島」の痕跡としては、日本では後世の安芸の宮島、近江の竹生島、相模の江の島、に代表される弁財天信仰の聖地がある。

4　胞衣にまつわる民間伝承など

「胞衣」にまつわる神社名、地名、習俗、民間伝承などをいくつか挙げてみる。

式内社関係では、①美濃国恵那郡「恵奈神社」がある。現・岐阜県中津川市字正ケ根の恵那山頂に天照大神の胞衣が伝えられている。

②飛騨国大野郡「荏名神社」は、現・岐阜県高山市江名子町の旧「稲置森」と呼ばれていた空地を、文化十二年（１８１５）に「荏奈明神」としたもの（式内社に該当するか確証は

ない)。『斐太後風土記』には、村口に「荏」がよく熟したので荏野(えな)と名付けた、とある。

地名等からは、③和歌山県日高郡由良町衣奈に「衣奈八幡神社*」があり、応神天皇の胞衣伝承をもつ。

*『外道まんだら』第六章「シダラ神考」で紀伊・広八幡宮(現在の有田郡広川町上中野)の「シッパラ踊り」を紹介したが、同社は本山八幡宮(広川町前田)から遷地されたものである。さらに、その元となったのが衣奈八幡神社である。

④和歌山市江南(「江南」を「えな」と読む)の東隣の「松原」には、武内宿禰の産湯井伝承がある。

⑤静岡県賀茂郡松崎町江奈に「伊奈下神社」がある。『式内社調査報告』では、松崎に鎮座の同社と、江奈に鎮座の船寄神社の二説を挙げている。

習俗・伝承では、⑥福岡市東区箱崎の筥崎宮では十二月三十一日の晩に御胞衣祭がおこなわれる。神功皇后が応神天皇を産んだのが十二月十四日で、川に流したその胞衣が流れ着いた所に建てられたのが同社とする。大晦日には海鼠形の「ターラゴ餅*」を搗いて正月の三元祭に供される。

*胎児の擬きか。

⑦越後国頸城郡上輪邑の亀割山には「義経公、北之方伝記」が伝えられている。ゑな姫大明神と若君・亀割丸が祀られ、安産祈願として弁慶の力餅が供される。

後代に属するところでは、⑧神奈川県高津区下作延の身替不動内に胞衣神社があり、江戸時代には安産信仰で賑わったとされる。

⑨「胞衣笑い」とは、胞衣を埋めた後で、皆で笑い合うこと。

⑩生まれた子の父親が誰か不明な時に、胞衣を洗うと父親の定紋が現れるという「胞衣詮議」がある。

⑪胞衣が下りない時の呪文に、「故郷に忘れて置きし蓑と笠　おくり給えや観世音菩薩」がある。これはスサノオが追放（かむやらひにやらひ）された時の装束で、俚言に「蓑と笠を貰うと乞食になる」という。

⑫出産した後の胞衣や、幼児が死んだりすると、「鰶（このしろ）」を一緒に添えて埋める。

⑬前項の「鰶」については、焼くと死臭がすると『和漢三才図会』は記す。

⑭また「鰶（このしろ）」は「子の代（このしろ）」の語呂合わせでもあるが、「この城を焼く」といって武士は忌むものの、切腹の時に食べるものといわれる。

5 「子育て幽霊譚」について

出産は母子ともに常に生死の危険を伴う行為であることから、「胞衣」については後世、安産信仰に関わるものへと強く傾斜していったと考えられる。一方、不幸にも母子ともに死に至る事例も多かったであろう。未生・後生の母子に対する無念と畏怖と追憶が、所謂「子育て幽霊譚」の根幹にあったかと想像される。

つまり「小夜の中山の幽霊飴」伝承に代表されるものは、①原初は妊婦の死によって胎内の子もほぼ死に至ったであろうこと。その未生・後生の母子の霊を解き放つために、死後の母体の切開による腑分けの処置の後、母子それぞれが埋葬されたようである。が、②現代の産婦人科における帝王切開はほぼ母子ともに生を全させる手段となった。

その中間期においては、③妊婦が死んでも直ちに腹部を切開することで胎児を助け出すことができるという医方明が、実は相当昔からおこなわれていたのではないか。インド学者の中村元は「帝王切開」についてクシャナ朝の西暦二世紀頃とみているが、おそらくもっと遡るであろう。私見ではゴータマ・ブッダ以前の外道論師時代には技術として存在していたとみる。つまり「子育て幽霊譚」の背景に、「死後帝王切開」という本質があったと考える。

　このような胎児割出は、インド旃陀王子や支那の文献にもみえるが、日本に限っていえば高僧あるいは武士に纏わる伝承として残っている。例えば曹洞宗の通玄寂霊（１３３２～１３９１）の誕生伝承として墓中育児譚が多く伝えられるが、これは曹洞宗の教線拡大が進んだことにもよるが、曹洞宗の中に「帝王切開」なる医方明が流入・継承されてきたことの露頭ではないか。

　なお鹿児島県喜界島では、亡くなった母が埋められた墓の中で生まれ育った子が「土持」氏の名で伝えられるが、「土持」とはあるいは光明真言「土砂加持」法による死者蘇生に付会した名なのかもしれない。

　また沖縄では、亡くなった母が埋められた墓の中で生まれ育った子のことを墓中生子、あるいは「テーラシカマクチ」というが、『日本昔話通観　26　沖縄』（同朋舎・刊）には多くの類話を収載しているものの、「テーラシカマクチ」なる語についての説明はない。わずかに一例のみに「テーラ」とはタイラ（地名・姓の名）であるというようなことを土地の女が

幽霊子育飴

語っているだけである。

そこで『沖縄語辞典』（国立国語研究所・編）をみると、「tee（テー）」が胎児、「sikama（シカマ）」が酒を暖めて赤ん坊の体をふくこと、あるいは産児を沐浴させること、「kuci（クチ）」は口、とある。また「teera」は土地名の平良・田井等、とある。「ra（ラ）」については不記載。「シカマ」については『播磨国風土記』の「飾磨郡」が想起されるが、「大きな鹿が鳴いた」ので飾磨郡と号けたとの地名説話があるだけで、岩波・大系本にも中途半端な頭注しかない。また『全国方言辞典』（東條操・編）には「シカマ」として、西北風（岩手県釜石）、朝（奄美大島）、午前十時頃（南島首里）、午後三時頃（南島名護）、とある。

これでは埒が明かないので「テーラシカマクチ」を強引に解釈してみると、墓中生子譚であるからには「胎児・死・釜・口」とでも宛て、「死後母胎（釜）から産湯を使って出生（口）した（もしくは羊水とともに生まれ出た）胎児」の意とするか。

6　胞衣と蚕神

さて先に引いた『播州名所巡覧図絵』に戻ろう。「大避明神」の項には、皇極三年、秦川勝が東国富士川で、異虫を常世神と称して里人を誑かしていた大生部多を討伐したこと（日本紀）、また仁徳朝に秦氏が蚕を養い絹を献じて「波多」姓を賜わったことが記されているが、これらは秦氏が養蚕技術に通じ、かつその独占を図ったことを反映したものであろう。問題は、なぜ秦川勝を祭神とする「大避明神」の項に「蚕」神が登場するかである。

一般的には秦氏を祀る以上、同氏族に関わる養蚕技術の伝承を記述したものと解すればよいのかもしれない。が、深読みにすぎるかもしれないが、秦氏というよりも大避明神（すなわち胞衣神）と蚕神とが信仰において通底していることである。秦氏はその媒介者的表現にすぎないのではないかと筆者は考える。

どういうことかといえば、蚕をはじめとする昆虫の完全変態プロセスは「卵―（孵化）―幼虫―（蛹化）―蛹―（羽化）―成虫」で示される。このうち「蛹」の状態で蚕は繭をつくるが、この繭こそ「胞衣」の擬き[3]であり、さらにいえば「うつろ船」の擬きであることによる。

さらに論を進めたい。蚕の方言をいくつか紹介しよう。埼玉県秩父郡では「おしらさま」。山形県西田川郡では「しろさま」。これらはオシラ祭文にある馬娘婚姻譚から出たものと思われ、その典拠は支那『捜神記』で馬の皮が娘を覆いつくし、巨大なカイコになったことからの転であろう。

また蚕を「ひめ」(山形県西置賜郡、及び島根県)、「おじょろさま」(富山市)、「ぼぼ」(長野県東筑摩郡)などと女性(器)を指す一方、「女陰」を指す方言として「ぼぼ」「べべ」のほかに、「おかいこ」(岩手県上閉伊郡)、「かいこ」(山形市)がある。

すなわち「蚕」=「女陰」の相互転訛があるのは、蚕の特徴である蛹と繭が「胞衣」を表象することがあってのことと考えられるのである。

(註3)先の『明宿集』「秦河勝ノ事」では、「抑、コノ河勝ハ、昔推古天皇ノ御宇ニ、泊瀬川ニ洪水出ヅ。水上ヨリ一壺流レ下ル。人不審ヲナシテ、磯城島ノアタリニテ取リ上ゲ見レバ、中ニ只今生マレタル子アリ。」として、河勝(川勝)自身が蚕の「蛹」として描かれている。

7 「さなぎ」について

前項で蚕の特徴である蛹（さなぎ）について触れたが、そのことから直ちに連想されるのが「鐸」である。『古語拾遺』には天目一箇神による「鉄鐸（古語、佐那岐）」の古訓がみえ、天鈿女命による「鐸著けたる矛」の表現がみられる。

元来「鐸」は大鈴（和訓で奴弖［ぬて］）のことであり、（上図）のように矛（リンガ）を著けたる鈴（玉々）を指していたと考えられる。が、鐸が佐那岐と呼ばれるようになった頃にはもはや大鈴ではなく、胞衣・子宮を含意する銅鐸へと転化したとみたい。

さらに銅鐸が元は内から鈴を鳴らし、音を聴く（玉々が子宮を鳴らし、子孫や穀物の胚胎を願う）呪具であったものから、巨大化することで「子宮・胞衣」そのものを表す呪具へと転位していったとみるべきであろう。

その変形（バリエイション）として、鏡の縁に鈴をつけた鈴鏡がある。奈良県新沢千塚古墳出土の鈴鏡や、六世紀頃の東国に出土例が多くみられる。

ここで「さなき」に関わるとみられる地名等をいくつか挙げてみる。
①式内社、但馬国朝来郡「佐嚢神社」は『式内社調査報告』では「さな」「さなの」「さの」の訓を採っているが、「さなぎ」の称の出典は不詳としている（大倉精神文化研究所・編纂『神典』では「さなぎのかみやしろ」の訓あり）。同地に銅鐸が出土する可能性があるのでは？　なお『三代実録』には「貞観十年、但馬国正六位上左長神従五位下」とある。
②式内社、参河国賀茂郡「狭投神社」は、愛知県豊田市猿投町の「猿投神社」に比定。加茂氏による鐸の祭祀がおこなわれていた、とする所説あり。
③瀬戸内海の小島に「佐柳（さなぎ）島」がある。同島の地名伝承では、神功皇后が朝鮮出兵の時、南風が吹き荒れ同島に避難するとまもなく凪いだことから「早凪（はやなぎ）島」と呼んだとある。今川了俊が康応元年（１３８９）、足利義満のお伴をして詠んだ『鹿苑院殿厳島詣記』には「名にしおはゝさてしもあらて浦風のさなきはなとかはけしかる覧」とあり、先の神功皇后伝承を踏まえてのこととして永くに及んでいたことが覗われる。

8　播州の「腹切り文化」について

多少、脱線気味ではあったが、そろそろ本考の結びとしよう。『播州名所巡覧図絵』の「大避明神」について「胞衣神」信仰を手掛かりに探ってみてわかったことは、播州の周辺に「腹切り文化」とでもいうべき古代信仰が点在・露見していることである。

第七章のＦＧＭ三連作（萩原考、鱓神考、鎖陰考）でも採り上げたように、

①『播磨国風土記』揖保郡萩原里の条にみえる陰断田伝承に「米舂女等が陰を、陪従婚ぎ断ちき」と記載されているのは、「米（ヨネ）＝ヨニ（子宮）」を舂く（突く）こと。すなはち女性器を毀損したことの婉曲な表現であること。

②同風土記・賀毛郡川合里の「腹辟沼」の伝承。

③同風土記・讃容郡の玉津日女命による鹿の「腹割」伝承。

④『播磨鑑』にみえる明石郡林神社に纏わるエイに悩まされる「東窓后・西窓后」のうち「東窓后」の表記については、「今宵しのぶなら裏からおいで、東枕の窓の下」（木曽民謡

集）等にあるように、神婚に淵源を持つ夜這いする寝所の意からの後世の転であり、近松門左衛門・浄瑠璃『長町女腹切』の科白「ここらあたりの払いさえらちあかず。東ふさがりになった者。うちみしゃいでも粒三文ないは知っている」にある「東ふさがり」は太陽信仰における「神妻への禁忌」の名残りであろう。

ここで『長町女腹切』について一つ付言しておく。大坂長町での女腹切り事件と京都での「お花・半七」の心中事件という二つの悲劇を結びつけた筋立てを、「主題の分裂による失敗作」等とする国文学者らの解釈についてである。これは前出FGM三連作の「萩原考」で述べたように、『播磨国風土記』賀毛郡、腹辟沼の条にみえる「花」波神妻による「腹辟」伝承に淵源し、後世、美作国での「お花」の「陰部切除」伝承へと接続する信仰史の文脈においてのみ理解することができるものである。西摂津は広済寺に墓所を置く門左にとって、これら一連の伝承を前提とした上での創作劇であったとみるべきではないか。

⑤「お花」伝承に纏わる重複は避けるが、本稿で採り上げた「子育て幽霊譚」の通玄寂霊は出自を豊前国国東郡あるいは因幡国岩井郡などともされるが、播磨と丹波の境に青原山永澤寺を開いている。

以上見てきたような「辟」神としての胞衣神信仰の文化的土壌の上に、言わば集合的無意識の隔世遺伝として「切腹」をクライマックスとする赤穂藩の事件も表出されたように思われる。

暫定的結語

「外道信仰」についての私なりの理解を、『外道まんだら』所収の七章と合わせて十五の章に分けて記述してみた。

読み返してみて思うことは、どの章も金太郎飴のように、結局は同じことを言っているに過ぎない。それは外道の本質が「自己犠牲」にあることから当然のことではあるが……。

一方、読者の側からは変態的な偏執狂の妄想とも取られかねず、私の力量不足もあってなかなか真意を理解してもらえないだろうな、との諦念が心の片隅をよぎるのを覚える。

が、私にとっては「外道信仰」について私が理会したことは他者に開かれた表現として残しておかなければならないとの切実な想いがあってのことであり、なんとかその露頭の一端だけでも提示しえたのではないかとの安堵感はある。

シリーズタイトルを「外道まんだら」としたのは「外道信仰」の現われ方は多種多様だからである。現在の私には総体を俯瞰できるような表現ができていないことは、自覚しているつもりである。

各論考の中でやたら「＊○○○参照」と記しているのは、各事項が持つポリフォニック（多声的）なコレスポンダンス（応答）とリンクス（連関）について言及したかったからである。なお書き残したテーマはまだまだ多くある。

これからも引き続き、「外道信仰」の多種多様な現われ方について論及していくつもりであり、文字通り「曼荼羅」の如く、あるいは万華鏡や谺（こだま）のように各テーマが反響（反鏡）し合い、動的平衡を保ちながらも各論に相応しい位置を与えることができるよう、精進して参りたい。

太古視線による現在知への照射

室伏志畔（幻想史学の会代表）

これはすでに見失われた太古の母系制信仰の視点から、その痕跡を古典・地名・遺跡に博捜する類を見ない探究書である。その原始・古代の祭儀の中心は、族社会の安寧と豊作の祈願にあるが、ユダヤ教にあってアブラハムは絶対神・ヤハウェへの信仰のため、一人息子・イサクを生贄することを厭わなかったごとく、母系制時代の信仰にあっての供犠の核は首長が己の魔羅＝男根を切り裂く巫女・歯神を介し神に供することにあった。この古代信仰を踏まえて本書が展開するため、本書全体に性器、性用語が氾濫する。そこを押さえきれずに、性用語に関心が向くなら著者は性的変質者と誤解されよう。

著者はその誤解を恐れずに穏やかに実在するが、本書を読めばそれは仮の姿で、著者・德永裕二は本書の中にしかいないのが納得されよう。本書が敢えてそうした試みとなったのは、足かけ九年ほど在宅療養の身にあった母親を見送り、その三か月後、著者自身が循環器系の疾患で入院手術したことにあろう。著者は死を恐れはしないが、それを機に、己の生きた証しなしに死ぬのに堪えられなくなった意識の病に取り憑かれたことにある。

その病が著者をして赴かせた先が古代信仰であったのは、60、70年代に前衛劇団を率いた寺山修司と親交のあった劇作家・竹内健との出会いによる。竹内にジャリの『ユビュ王』の訳もあるが、和洋の古典に造詣深い竹内は、それに材を取った幾つかの戯曲作品を残したことは歴史への関心が深かったことを語る。そこに『東日流外三郡誌』との出会いも生まれたらしい。竹内はそれを踏まえての『津軽夷神異文抄』を書き下ろしている。それは蝦夷の棟梁の阿倍・安東一族のアラハバキ信仰が粛清・追放を受けるも、石神信仰や星信仰に今は見失われた古代信仰の影を色濃く残しており、それを直感し、書き下ろされた才知溢れる劇作品である。その出会いと書き下ろしが80年代前後であったのは幸いであったのは、90年代に入ると、『東日流外三郡誌』は現代人の偽書として告発を受け、悪名を轟かし、素直に読めない時代に突入したからである。しかし、それは明治時代に柳田国男が深く気にかけた全四千余巻に及ぶ文書で、現代人一人による偽書といった決して新しいものではない。秋田孝季が江戸寛政期に藩主の命で全国に散らばる阿倍・安東一族の古文書の再写文書をまとめたものを、和田家一族が再写したものである。それが偽書とされるのは、蝦夷が朝敵とされた理由に重なり、正統皇統を遠い昔から主張してきたことに関わる。そうした古代史への関心から竹内は晩年期に古代信仰学の研究会を主宰し、数人の限られた教え子の一人に著者はあったと云う。

その古代信仰の中心が外道で、それは世のために身を犠牲にすることを惜しまない教えにある。それは遠い昔から子のためには身を捨てるのを厭わない母心を中心に回った母系制時代の信仰にふさわしい。日本ではその時代は縄文期の前五千年前後で、世界的にはさらにそれを遡る大地母神時代に淵源するらしい。その外道信仰が次第に世から排されてゆくのは、父系制時代の到来によるが、列島では3世紀の邪馬台国の卑弥呼時代にあっても、女酋としての巫女が九州各地にあったとされる。

列島には遠い昔から南や北から多くの人が渡来し、雑種としての原日本人が形成された。それゆえ母系制と父系制は列島では長らく混在した。それが中国での王権興亡により押し出された亡国の民による大規模な民族移動は、列島をも東アジアの民族移動の波に組み込むに至った。ことに北方騎馬民族は黄河文明を踏まえ、長江文明の船を交通手段とした南船系の稲作国家の征服は、呉や越の稲作民を各地に四散させた。その一派に呉越同舟し黒潮分流の対馬海流に乗り、韓半島南端や列島に渡来する南船系倭人があり、九州・出雲・越に入植した。それにより3世紀を前後して列島で弥生稲作が各地で爆発的に盛行するのは、この南船系原中国人の渡来によるもので、それは列島における王権形成の端緒を開いた。しかし、この列島における空前の集団稲作の隆盛を垂涎したのは、韓半島にあった北馬系勢力で、すでに半島の南船系と混血し、壱岐・対島を橋頭堡として波状的に列島侵攻を繰り返し、南船系稲作国家を侵攻・簒奪する。

これが記紀や『先代旧事本紀』が記すスサノオの八岐大蛇退治やニギハヤヒの天神降臨、ニニギの天孫降臨で、この北馬系勢力による南船系稲作国家の侵攻・簒奪をもって記紀が始まることは、それが北馬系の史書でしかないことを語り、この片面性を押さえることなしに記紀の解読は難しい。この南船北馬の興亡が列島の基本矛盾で、南船系稲作社会を北馬系王権が覆った構造を、幻想史学は列島の二重構造の淵源とし、その北馬系王権の最後の勝者を皇統としてきた。

この南船系社会が母系制を基礎にしたのに対し、北馬系は父系制で、後者が列島で最後的に勝利するとはいえ、列島の南船北馬の興亡はなかなか納まらず倭国大乱を結果した。その収拾策として卑弥呼を共立する南船北馬の妥協が生まれたため、九州各地で女酋としての巫女が多く出現したことは、社会が母系制にあったことによる。しかし、それは母系制の最後の光芒と言えるもので、北馬系支配は次第に表社会に父系制が行き渡り、南船系の抵抗者は山間や辺境に追われていく。

こうして列島では北馬系支配の勝利によって母系制社会は崩れたため、外道信仰は表社会から姿を消すが、裏社会で罷り通ったのは列島社会の二重構造による。中世研究の第一人者・網野善彦の研究は、父系制の表社会の裏での、この母系制習俗が海士族社会や公界で公然と引き継がれていたことを位置づけるものであった。それが皇統一元の戦後史学にある者に驚きをもって迎えられたのは、皇統一元の父系制の単眼にあるため、南船北馬の興亡による列島社会の二重構造に目が届かないことによる。

外道信仰の足跡は、3世紀の出雲王朝から九州王朝への国譲りに伴い、銅鐸に替わる鏡信仰が太陽信仰と結びつき、大型古墳の造成に伴うその祭祀儀礼を巫女が主宰したため各地に広まった。しかし、その外道信仰に引導をくれたのは、6世紀後半の蘇我・物部戦争における崇仏派の勝利による仏教時代の到来による。それは火葬による薄葬令の普及により、古墳の造成は下火となり、北馬系王権の成立によって山間に追われた巫女は、この仏教布教によって、さらに山間地は女人禁制地とされたため、東北の辺境に落ちてゆく。それは九州から吉備、近畿、東国、東北と東漸し、陸奥の地に外ヶ浜なる「外」が着く地名を幾つか残すことになった。著者はそれを古代信仰の「蘇塗」＝アジールの名残りとする。それはまた中央政権に追われた蝦夷の流刑地に重なるのは偶然でない。

外道が敵としたのは蘇我仏教に始まるのではなく、インドに始まった仏教が排した信仰が外道であったと著者はする。それは仏の教えが、修練や断食でなく悟りによる限り、男根を切る抜箭信仰による神への供儀は、おぞましい狂気として排されたのは当然である。しかし、それは仏教からする理屈で、身を犠牲にして一族の安寧と豊年を祈願した外道の信徒にとっては、それを欠いて外道が成り立たないのもまた当然であった。

本書の目次は外道信仰に始まり、蜻蛉考、氷蔵考、河童考、シダラ考、抜箭考、象神考、落語考、割礼考、不実考、萩原考、鱏神考、鎖陰考、胞衣神考と、見慣れない語彙が並ぶのは、外道信仰が裏社会で生きることを余儀なくされたからで、その半分以上が何を意味し、どう古代信仰に関わるのかは見当がつきかねるのは確かである。それは著者の居場所が、我々とちがい別天地での孤独な営為にあることを語っている。河童考は稲田に水路を引く技術者のことだとするが、それがどうして消え去って行ったかについて、県犬養三千代の子・橘諸兄の庇護下に南船系勢力はあったが、藤原不比等本系との政治闘争に敗れたことによって、歴史の闇に消えてゆく姿を著者は歴史的に浮彫りにする。また抜箭考は、天皇が多くの后妃を迎えながら、子無しの理由は父帝の身代わりに男根を切られたからではないかとし、また落語家に何故、林家があるかについて、列島史との関わりからあっと驚く、興味津々の著者の《知》が万華鏡のごとく繰り広げられる。

こうした列島における《外道知》の覆滅は、父系制の勝利と仏教布教によるが、もっと手ひどい打撃は、7世紀からの千三百年に及ぶ大和中心の記紀史観による洗脳に始まり、ここ二百年の、それに輪をかけた幕末以来の国学の皇国史観の猖獗により、列島史は大和中心の皇統一元史観に色づけられてしまったため、居場所を失ったのである。そのため、たかだか列島史は2世紀以上に皇統史は遡りえない禁制にある一方、漢意から弾き出された皇紀二千六百年の空威張りの空洞史が説かれるポンチ絵の中に日本人は置かれている。それを考古学と文献史学がタイアップした戦後史学は自らを「科学的歴史観」だと、したり顔に振る舞うが、それは世界の神話奪回の流れに逆行し、「神話から歴史へ」を説き、皇統史の人代のみを歴史とする相変わらずの禁制を継承してきたことによる。その結果、皇統史に先立つ出雲王朝史や九州王朝史のはしりを出雲神話や日向神話として描き出した記紀神代を、戦後史学が歴史から完全追放したことは、「科学的」新皇国史観をもって皇統史の藩屏を任じてきたところに、戦後史学の頽廃は極まっている。その一番の支持者が左翼であったところに今日の笑えぬ、救いがたい知的頽廃が生まれている。それは今も日本人全体を記紀史観の一神教に塩漬けにし、その子女までその公教育の生贄に今も供している。

それは現在、中国の躍進を脅威とし、その現在知を侮る。その中国は、確かに司馬遷が前97年に『史記』で、年紀を前841年まで確定して以来、二千百年間もその年紀をそれ以上遡行させることができなかったことは確かである。しかし、今日に至っても、たかだか2世紀以前に遡り得ない皇統史が、それを笑えるとは思えない。その中国が21世紀を前に中国のミサイル技術の開拓者・宋建を中心に、「夏・商・周の年代確定プロジェクト」が組まれ、炭素原子の半減期による時代測定法を基準に、諸学が協力し、商（殷）・周の都城は云うに及ばず、商に先立つ夏の伝説的人物・禹の陽城をはじめとする遺跡の発見とタイアップした年紀を、千二百年遡行させたことを日本人の誰が知ろう。その結果、司馬遷がした年紀前841年を前2070年まで遡行させ、その都城まで特定するに至っている。

このプロジェクト成果を、列島の大和中心の皇統一元史の禁制にある今の日本の史学界と比較すると、私は羞恥を覚えずにはおれない。そうした現状にあって、一民間研究者・徳永裕二が、たかだか2世紀までしか遡り得ない史学の現状をよそに、独歩に列島の現実を、前五千年の古代信仰の太古視線をもって現在知を照射して見せたところに、本書の意義がある。多くの好学の士によって本書が読まれることを望みたい。（二〇一八．五．七）

あとがき

『不実考』を刊行することができた。

目次を見てもらえば判るように、本書は前著『外道まんだら』と一体となったものである。本書に収載した「落語考」を除き、いずれもここ一年ばかりの間に書いた論考が基となっている。

執筆に当たっては、主として竹内健師が主宰した古代信仰研究会の受講ノートを参照したが、私の視点から新たに構成し直している。どこまでが竹内の論定であり、どこからが私の着想・展開であるかは私自身は承知しているつもりである。が、こう書いただけではフェアではないので、私が認識している限り、竹内師と古代信仰研究会の見解については前著『外道まんだら』並びに本書中に明示した。記述に誤りがあるとすれば、その責はすべて私にある。

ともあれ、前著、及びこの『不実考』で書いていることは広義の意味で歴史学や民俗学の範疇として受け取られるのだろうが、学界（アカデミズム）が表街道とするなら、かつて古田武彦が切り拓いた史学は裏街道であり、そのまた裏道を室伏志畔らが歩いていることになる。さすれば、私の外道信仰研究はそのまた横の藪を掻き分けながら歩いているとでも形容しようか。当人はそんなウラ道ヤブ道が、いつかは人倫の王道へとつながっていくことを信じているのではあるが。

裏道の先達、室伏志畔氏からは過分なる評言をいただいた。それに恥じぬよう、引き続き精進してまいりたい。

今回も高橋繁行氏には口絵を切り絵で飾っていただき、装丁・扉絵で高根英博氏の手を煩わせた。また渡辺浩正氏には組版で、不知火書房の米本慎一代表には編集・校正等で随分、お世話になった。記して謝意を表したい。

平成三十年七月

伽藍堂の小宅にて　雨山人　記す

徳永裕二（とくなが　ゆうじ）
1949年1月、大阪府生まれ。
2017年1月から『個人通信　外道曼荼羅』を「伽藍堂雨山人」名で発行。大阪府在住。

不実考——続 外道まんだら

2018年9月20日　初版第1刷発行 ⓒ
定価はカバーに表示してあります
著　者　徳永裕二
発行者　米本慎一
発行所　不知火書房

〒810-0024　福岡市中央区桜坂3-12-78
電　話 092-781-6962
FAX 092-791-7161
郵便振替　01770-4-51797
制作　渡辺浩正
印刷・製本　モリモト印刷

落丁本・乱丁本はお取替えいたします　Printed in Japan

ISBN978-4-88345-122-7 C0021

好評既刊・近刊予告（本のご注文は書店か不知火書房まで）

「倭国」とは何か Ⅱ
古代史論文集
九州古代史の会編
2500円

百済の王統と日本の古代
〈半島〉と〈列島〉の相互越境史
兼川　晋
2500円

真実の仁徳天皇
倭歌が解き明かす古代史
福永晋三
1800円

悲劇の好字
金印「漢委奴国王」の読みと意味
黄　當時
2200円

太宰府・宝満・沖ノ島
古代祭祀線と式内社配置の謎
伊藤まさこ
1800円

神功皇后伝承を歩く（上・下）
福岡県の神社ガイドブック
綾杉るな
各1800円

日本国の誕生
白村江の戦、そして冊封の歴史と共に消えた倭国
小松洋二
1800円